창업 아이템 개발

남윤정 저

마인드탭
MIND TAP

머리말

이 책은 1, 2부로 나누어져 있다. 제1부에서 저자는 창업아이템이 갖추어야 할 조건을 나열함으로써 창업자들이 창업아이템을 선정할 때 도움이 될 가이드라인을 제공하고자 하였다.

이 책 제1장에서는 창업자라면 항상 기억해야 할, 창업의 성공조건에 대해 생각해 보는 시간을 제공하려 함과 동시에, 창업자들이 '고객가치'를 가진 상품을 만들어야만 창업에 성공할 수 있음을 강조하였다. 제2장에서는 창업자들이 실행해야 할 시장분석의 틀을 제공하고, 제3장에서는 창업아이템이 갖추어야 할 경쟁우위에 대해 논의하고 있다.

제2부에서는 창업아이템의 원천을 기반으로 비즈니스 모델을 나열하고, 그 틀 안에서 창업아이템을 발견할 수 있는 다양한 기회를 제공한다. 이 책에서는 비즈니스 모델을 구성하는 8가지 요소에 대한 설명과 함께 각 요소를 통해 창업아이템을 찾는 과정을 안내한다.

이 책의 많은 부분은 독자들이 경영학적 기반에서 창업과 창업아이템 개발을 이해하는 데 도움을 받을 수 있도록 기존 학자들이나 실무자의 것을 참고하였다. 특히, 한욱상·이두희·곽영식(2016)박사의 최근성과를 제1부에서 많이 활용하였으며, 제2부에서는 곽영식 박사의 비즈니스모델 구성요소를 근간으로 하였다. 독자 여러분이 이 책을 읽고 나서 더 깊은 경영학적 질문에 대한 답을 원한다면 위의 두 책을 읽기를 권고한다.

2016년 2월

남윤정

차 례

제1부 창업아이템이 갖추어야 할 조건

제 2 부 비즈니스 모델에서 찾는 창업아이템

제 1 부

창업아이템이 갖추어야 할 조건

이 책 제1장에서는 창업자라면 항상 기억해야 할, 창업의 성공조건에 대해 생각해 보는 시간을 제공하려 함과 동시에 창업자들이 '고객가치'를 가진 상품을 만들어야만 창업에 성공할 수 있음을 강조한다. 제2장에서는 창업자들이 분석해야 할 시장분석의 틀을 제공하고, 제3장에서는 창업아이템이 갖고 있어야 할 경쟁우위에 대해 논의한다.

제 1 장

창업과 경영

이 장에서는 창업과 경영의 정의를 알아본다. 이를 통해 창업이 경영에서 차지하는 의미가 무엇인지 생각해 보자. 마지막으로 창업의 단위에 대해 논의해 본다.

- 정동우씨는 천안 기차역 앞에 '던킨 도너츠' 대리점을 열었다.
- Starbucks는 1971년 미국 시애틀에서 탄생한 커피 전문점이다.
- 정주영 회장은 우리나라 최초의 자동차 생산회사인 현대자동차를 창업했다.
- 1986년 봄, 서울 대학로에 노래방이 처음 등장했다.
- 이병철 회장은 우리나라 최초로 반도체를 생산하는 사업을 시작했다.
- 오리온은 초코파이라는 제품카테고리를 처음 만들어 시장에 선보였다.
- PC방은 우리나라가 세계에서 최초로 만든 사업 중의 하나이다.
- 해태와 롯데는 우리나라에 처음으로 껌을 국산화하여 시장에서 판매했다.
- 오뚜기는 우리나라 최초로 카레를 판매한 기업이다.

1 창업(創業)

독자가 생각하는 '창업'이란 무엇인가를 아래 네모 칸에 적어 보자.

저자는 '창업'을 사전적 의미에서 해석하는 것으로부터 논의를 시작하고자 한다. 이제 '창업'이라는 단어가 지닌 의미를 글자 그대로 살펴보자.

창업에서 창(創)은 '비롯하다' 또는 '시작하다'라는 뜻이고, 업(業)은 '생계, 즉 먹고 살기 위한 생계로 살아갈 방도나 형편'을 말한다. 그러므로 창업의 사전적 의미는 '살아갈 방도를 시작하는 것'을 말한다.

여기서 방도를 좀 더 구체적으로 살펴보면 '방법(method)'과 '길(way)'로 나눌 수 있다. 전쟁(혹은 경쟁)에서, '방법'이란 '어떻게 싸울 것인가'에 관한 의사결정과 관계가 있고, '길'은 '어디서 싸울 것인가'의 의사결정문제이다. 이를 기업경영에 대입할 때, '어떻게 싸울 것인가'의 문제는 기업을 어떻게 효율적으로 운영할 것인가에 대한 문제를 말한다. 다음으로 '어디서 싸울 것인가'는 기업가가 선택해야 할 시장이나 사업아이템을 어디로 선택할 것인가를 말한다. 즉, 사업의 대상이 되는 제품카테고리(product category)와 시장(market), 사업(business)을 무엇으로 결정할 지에 해당하는 것이다. 어떤 선택하느냐에 따라 시장의 크기도 결정되고, 경쟁자도 결정되는데, 이런 생존의 강도나 역학관계를 결정하게 되는 의사결정을 말한다.

창업: 살아갈 방도(方道)를 시작하는 것

↓

방법(方法) + 길(道)

↓ ↓

method way

(How to compete) (Where to compete)

따라서 창업은 살아남고, 살아가기 위한 시장과 방법을 선택하여 사업을 시작하는 것을 말한다. 즉, 창업이란 살아갈 '방법'과 '길'을 아주 정성스럽고 소중하게 시작하는 것이다.

> 참고로 道의 옛글자를 보면 다닐 행(行)자 사이에 머리 수(首)가 놓여 있는 형태이다. 이 뜻은 왼쪽 다리를 하나 내딛고, 머리로 생각하고, 다시 오른쪽 다리를 내딛어 걸어가라는 뜻이다. 그만큼 신중하게 생각하고 행동하라는 뜻이 된다.

2 ▸▸ 경영(經營)

독자가 생각하는 '경영'이란 무엇인가를 적어보시오.

경영에서 경(經)은 실타래를 잘 '짜다'라는 뜻이고, 영(營)은 군대의 '진영(陣營), 또는 주둔지'라는 뜻이다.

그러므로 경영의 사전적 의미는 '군사의 진영을 잘 짜는 것'이라 할 수 있다.

즉, 전쟁에서는 병력인 군사, 전쟁무기인 물자, 군사 및 무기를 유지하기 위해 필요한 자원을 유기적으로 잘 짜야 이길 수 있듯이, 경영에서는 경쟁자와 싸워 이길 수 있도록 사람, 물건, 돈을 효과적, 효율적으로 잘 짜서 만드는 것이다.

여기에서 효과적이라는 것은 무슨 일을 하면 반드시 성과와 연계되어야 한다는 뜻이고, 효율적이라는 것은 여러 방법 중에 성과가 가장 높은 것을 선택해야 한다는 뜻이다.

경영: <u>군사의 진영을 짜다</u>

↓	↓	↓
군사	물자	재물
(사람)	(물건)	(돈)

지금까지 논의된 바를 정리하면 경영이란 시작한 사업(事業)을 효과적, 효율적으로 운영하기 위해 사람, 물건, 돈을 잘 짜여진 계획대로 배치하는 것이라고 말할 수 있다. 이는 경영을 뜻하는 단어로 관리(management)를 사용하는 것과 일맥상통한다고 볼 수 있다. 즉, 이미 만들어진 조직을 가장 효율적 효과적으로 관리하는 방법을 배우는 것이 경영학이 된다.

> 경영학에서 사람을 가장 효과적 효율적으로 다루는 것을 배우는 분야는 인사관리, 조직관리 분야이다. 자산을 가장 효과적 효율적으로 유입하거나 투자하는 것을 배우는 분야를 재무관리라고 하며, 상품을 가장 효과적 효율적으로 생산하고 유통시키는 것을 생산관리에서 배운다. 마케팅에서는 고객에게 상품을 지속적으로 공급하고, 고객은 기업에게 돈을 지불하는 '교환'을 가장 효율적 효과적으로 하는 방법을 배우게 된다. 더 나아가 지속적으로 '가치'를 창출하여 고객에게 제공해 나가는 과정을 배우게 된다.

경영학에서 사용하는 언어가 주로 군사용어인 이유는 전쟁에서의 의사결정과 기업의 생존의사결정이 동일하기 때문이다. 전쟁 때 장군들은 어디서 싸울 것인가를 결정하고, 어떤 방법으로 싸울 것인지를 결정한다. 마찬가지로 기업가는 어디서 사업을 할 것인지를 결정하고, 어떤 방법으로 경쟁할 지를 결정하게 된다.

❑ 전쟁에서의 의사결정과 기업경쟁에서 생존의 의사결정사항이 동일함.

[그림 1-1] 전쟁과 기업경영 의사결정의 유사성

3 ▶▶ 관리(management)와 윤석철의 생존부등식

창업이 주로 '어디서 싸울 것인가'에 관련된 부분이 많다면, 창업 후 경영관리(management)는 '어떻게 싸울 것인가'에 관련된 부분이 많다. 윤석철(1991)은 기업이 생존하기 위해 경영자가 반드시 명심하고 행동해야 할 관리의 규범을 두 가지로 정리하여 제시한 바 있다.

> 첫 번째 부등식:
> **기업이 생존하기 위해서는 고객이 느끼는 제품의 가치는 가격보다 높아야 하고,**
>
> 두 번째 부등식:
> **가격이 제품의 원가보다 높아야 한다.**

이 두 부등식이 유지되어야 기업이 생존할 수 있다. 이를 윤석철(1991)은 생존부등식이라 불렀다. 기업경영은 이 부등식을 유지하는 것이다. 기업이 판매하는 제품이나 서비스의 가치가 항상 가격보다 높으려면, 경영자는 끊임없이 상품의 가치를 높이는 일을 해야 한다. 이를 경영자의 경영활동에서 창조성이 필요하다고 하는 것이다.

또한 제품이나 서비스의 원가는 가격보다 항상 낮아야 한다. 경영자는 상품의 원가를 끊임없이 낮추려는 경영활동을 해야 한다. 이를 경영자의 경영활동에서 생산성이 필요하다고 정리할 수 있다. 따라서 경영자의 관리는 창조성을 강화하고 생산성을 높이는 데 주력해야 한다.

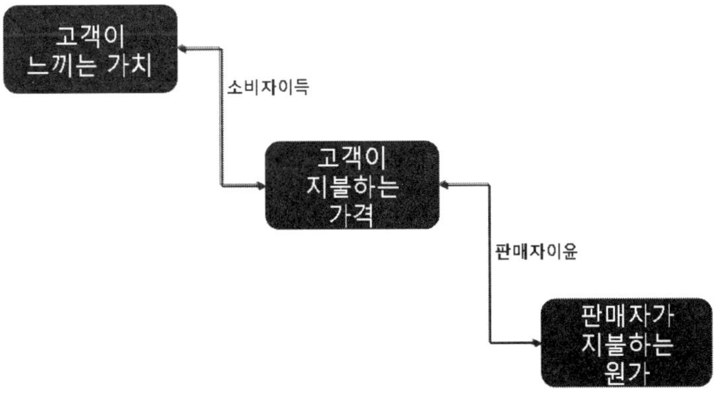

[그림 1-2] 윤석철(1991)의 생존부등식

따라서 창업자는 사업을 시작할 때 고객이 지불할 가치가 높은 상품(제품 또는 서비스: product와 service)을 선택하고, 상품의 원가가 낮거나 낮아질 가능성이 높은 상품을 선택하는 것이 사업성공을 할 수 있는 지름길이다.

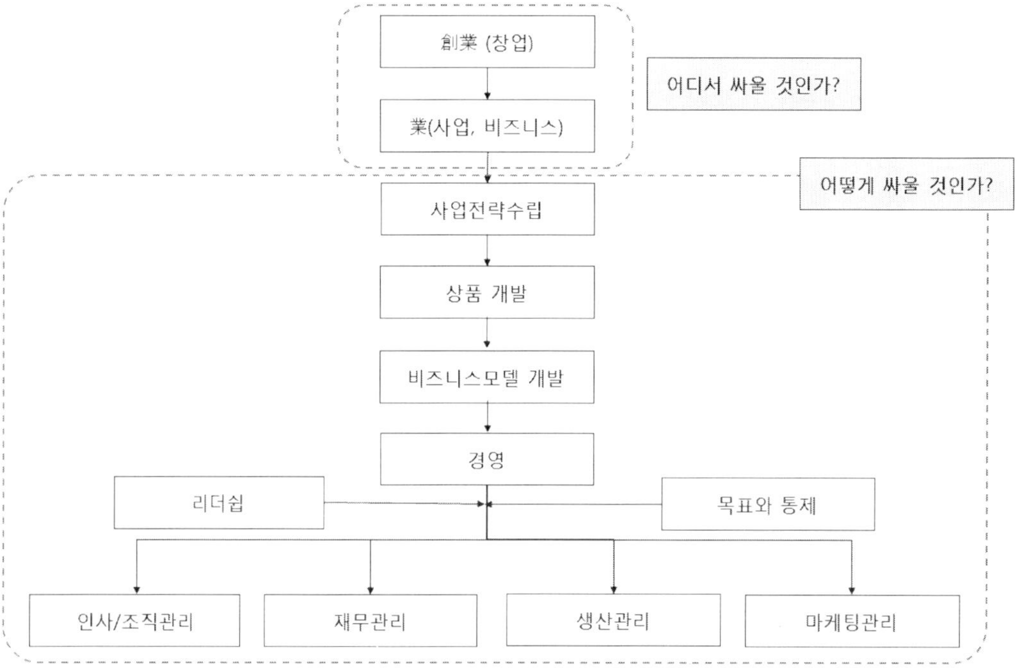

[그림 1-3] 창업과 경영의 관계도

4 ▸▸ 창업의 실제적 의미

창업은 '살아갈 방도를 시작하는 것'을 말한다고 하였다. 앞서 재무적 인적 물적 자원을 효과적이고 효율적으로 배치하고 운영하는 것을 경영의 방도라고 하였다. 그렇다면 창업에서 살아남는 방도, 즉 사업의 생존원리는 무엇일까? 저자는 창업하여 살아남는 방도를 바로 '경쟁자에 비해 더 높은 고객가치를 창출하는 것'이라고 정의하려 한다.

창업하여 살아남는 방도는 '경쟁자에 비해 더 높은 고객가치를 창출하는 것'

(1) 고객가치

고객은 돈을 지불하여 창업자의 상품을 구매하는데, 고객이 돈을 지불할 만한 상품가치를 갖지 못한 상품을 판매한다면 당연히 구매가 이루어지지 않을 것이다. 따라서 기업은 판매가 이루어지고 이 판매에서 이윤이 발생하고, 이 이윤을 바탕으로 생존에 필요한 비용을 마련하므로, 고객가치를 창출하는 것이 창업자가 해야 할 가장 핵심적인 사항이 되는 것이다.

(2) 상대적 고객가치

우리 상품이 고객에게 가치가 있는 것일지라도 경쟁자의 상품이 제공하는 가치보다 낮다면 우리 상품은 판매되지 않을 것이다. 따라서 우리 상품은 경쟁자의 상품보다 높은 고객가치를 가져야 한다. 이것이 창업아이템이 갖추어야 할 성공조건이다.

(3) 지속적 상대적 고객가치

그런데 우리 상품의 가치는 지속적으로 변화한다. 우리 상품이 고객에게 너무 익숙해져서 그 가치가 낮아질 수도 있고, 우리 상품의 가격이 상승할 수도 있고, 경쟁상품이 지속적인 개선을 통해 가치가 올라가면 우리상품의 상대적 고객가치가 작아질 수 있다. 따라서 창업자는 지속적으로 경쟁사 상품보다 더 나은 가치의 상품을 고객에게 노출시키고 개선해야만 생존할 수 있다.

따라서 경쟁우위에 시간이라는 요소를 더하여 장기적으로 경쟁우위가 유지되는 고객가치를 제공하는 것이 창업성공의 기본이 된다.

> 창업하여 살아남기 위한 조건은 바로 '지속적 상대적 고객가치'를 창출하는 것이다.
> 창업아이템개발이란 '상대적 고객가치를 창출하는 상품'을 찾아내는 만들어 내는 방법과 과정'이다.

5 ▸▸ 토론 과제

- ▸ 최근 몇 년간 창업한 회사들 중 '싸울 곳'을 잘못 선택하여 회사가 문을 닫은 사례를 찾아보시오.

- 최근 몇 년간 창업한 회사들 중 창조성 부족으로 회사가 문을 닫은 사례를 찾아보시오.
- 최근 몇 년간 창업한 회사들 중 생산성 부족으로 회사가 문을 닫은 사례를 찾아보시오.
- 최근 몇 년간 지속적으로 고객가치를 창출하지 못해서 회사가 문을 닫은 사례를 찾아보시오.

6 참고문헌

- 윤석철(1991), 프린시피아 메니지먼타. 서울: 경문사.
- 남윤정(2016), 창업신제품개발. 서울: 마인드탭.
- 한욱상·이두희·곽영식(2016), 경영학원론, 서울: 피앤씨미디어.

제 2 장

業의 결정

우리는 제1장에서 '어떤 사업을 하느냐'를 결정하는 것이 경영과 창업의 시작이라는 것을 배웠다. 제2장에서는 이 결정에 도움이 되는 몇 가지 틀을 배우게 된다. 창업자가 어떤 사업(business)을 할지 결정하는 데 있어 거쳐야 할 두 가지 단계가 있다. 즉, (1) 어떤 산업(industry)을 선택할 지를 결정하고, (2) 그 산업 내에 어떤 제품카테고리(product category)를 선택할 지를 결정하는 것이다.

이 장에서는 이런 의사결정을 도울 몇 가지 틀(framework)로써 Ansoff의 모델과 오마에 겐이치의 전략삼각형, Abell의 업 개념을 배우게 된다. 독자들은 아래 각 사례별로 어떤 산업에 어떤 제품카테고리에서 창업이 이루어졌는지를 괄호 안에 적어보자.

► 정동우씨는 천안 기차역 앞에 '던킨 도너츠' 대리점을 열었다.
(___________산업, __________제품카테고리)

► Starbucks는 1971년 미국 시애틀에서 탄생한 커피 전문점이다.
(___________산업, __________제품카테고리)

► 정주영 회장은 우리나라 최초의 자동차 생산회사인 현대자동차를 창업했다.
(___________산업, __________제품카테고리)

► 1986년 봄, 서울 대학로에 노래방이라는 것이 처음 등장했다.
(___________산업, __________제품카테고리)

► 이병철 회장은 우리나라 최초로 반도체를 생산하는 사업을 시작했다.
(___________산업, __________제품카테고리)

► 오리온은 초코파이라는 제품카테고리를 처음 만들어 시장에 선보였다.
(__________산업, __________제품카테고리)

► PC방은 우리나라가 세계에서 최초로 만든 사업 중의 하나이다.
(__________산업, __________제품카테고리)

► 해태와 롯데는 우리나라에 처음으로 껌을 국산화하여 시장에서 판매했다.
(__________산업, __________제품카테고리)

► 오뚜기는 우리나라 최초로 카레를 판매한 기업이다.
(__________산업, __________제품카테고리)

1 사업 결정의 기준

유명한 전략컨설턴트인 오마에 겐이치의 전략삼각형은 (1) 자신이 가장 잘 하는 분야에서 (2) 경쟁사가 별로 없는 곳에서 (3) 고객이 많은 곳에서 경쟁하라는 개념을 가지고 있다. 이 세 가지 조건이 만족되는 영역에서 경쟁하게 되면, 자사제품으로 고객을 경쟁사보다 더 만족시킬 수 있을 것이라고 지적하고 있다. 이를 창업에 응용하면, 자신이 경쟁우위를 갖고 있는 분야에서 경쟁사가 별로 없고 고객이 많은 곳에서 창업하라는 의미가 된다(곽영식, 2005).

이 논리는 제품수명주기의 도입기처럼 경쟁사가 별로 없는 곳에서 시장이 그 제품을 받아들일 수 있는 상황 및 시기에 들어가서 경쟁하라는 것이다. 따라서 창업자가 사업을 시작하기 전에 분석해야 할 것은 크게 세 가지이다.

(1) 자기자신의 경쟁우위
(2) 경쟁자
(3) 시장

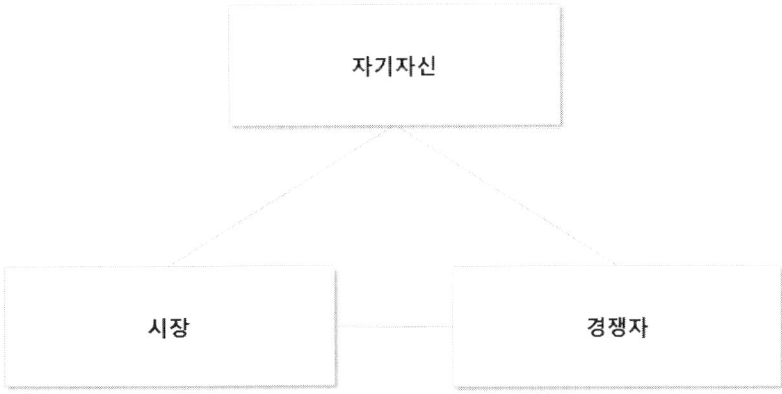

[그림 2-1] 오마에 겐이치의 전략삼각형

독자 여러분이 '창업'하고자 하는 아이템이 무엇인지 네모 칸에 적어 보자.

독자 여러분이 '창업'하고자 하는 아이템을 살 만 한 사람들이 연간 몇 명이나 될지 아래 네모 칸에 적어 보자.

독자 여러분이 '창업'하고자 하는 아이템과 판매경쟁을 할 경쟁제품이나 경쟁사를 아래 네모 칸에 적어 보자.

독자 여러분이 '창업'하고자 하는 아이템과 관련하여 귀하가 갖고 있는 경쟁우위가 무엇인지를 적어 보자.

독자는 위의 빈 칸을 채움으로써 내가 창업으로 사업을 전개할 상품이 결정됨과 동시에 시장크기와 경쟁자가 결정된다는 것을 깨닫게 될 것이다.

2 ▸▸ '전략적 창'(strategic windows)

개인창업자는 창업을 위해 흔히 구체적인 사업아이템부터 결정하는 경우가 많다. 하지만, 당장 히트칠 만한 사업아이템이 시간이 지남에 따라 경쟁력을 잃고 손님이 적어지는 것을 흔히 발견할 수 있다. 우리는 여기에서 '전략적 창(strategic windows)'이라는 개념을 살펴볼 필요가 있다.

'전략적 창'이란 시간이 흐름에 따라 기회나 경쟁사가 많아졌다가 적어졌다가 하는 상황이 벌어지므로, 기회의 창이 열렸을 때에만 사업을 진행하라는 개념이다. 따라서 창업을 하기 전에 창업자는 우리 사업아이템의 전략적 창이 장기적으로 열렸는지, 확실히 열렸는지를 산업차원에서 점검해야 한다. 아래는 점검의 기준이 되는 세 가지이다.

(1) 자기자신의 경쟁우위

(2) 산업 내 경쟁상황

(3) 시장상황

이 중 창업자의 경쟁우위를 점검하는 틀은 제3장에서 다루고, 이 책에서는 산업 내 경쟁상황과 시장상황을 위주로 창업산업결정과 창업제품카테고리를 점검하도록 한다.

3 ▸▸ 창업할 산업결정

수 많은 산업 중에 어느 산업에서 창업을 해야 우리가 크게 성공할까? 이 책에서는 중국 화장품시장에 진입한 어느 회사가 분석한 자료를 사례로 제시하고, 창업자들도 아래와 같은 분석을 시도해 볼 것을 권유한다.

창업자들은 여러 산업을 대상으로 아래와 같은 산업분석을 실시한 후, 내 자신이 진입할 때 가장 전략적 창이 크게 열리고, 오래 지속될 산업을 선택하여 창업을 시도해야 할 것이다.

- ▸ 1950년대에는 소비재 상품에 대한 전략적 창이 열렸다. 커피, 껌 등이 그 사례이다.
- ▸ 1960년대는 소비재 상품이 아직도 열려 있었다. 치약, 세제, 라면, 탄산음료 등
- ▸ 1970년대에는 외국 먹거리 상품이 전략적 창으로 열렸다. 바나나 파인애플 등이 물밀듯 한국에 수입되었다.
- ▸ 1980년대에는 가전제품의 전략적 창이 열렸다. TV 및 휴대용 카세트 시장이 열렸다.
- ▸ 1990년대에는 이온음료 등 새로운 제품카테고리가 히트를 쳤다. 1990년대 말에 이동통신의 시대가 열렸다.

[그림 2-2] 중국 화장품 산업분석에 사용된 분석 기준

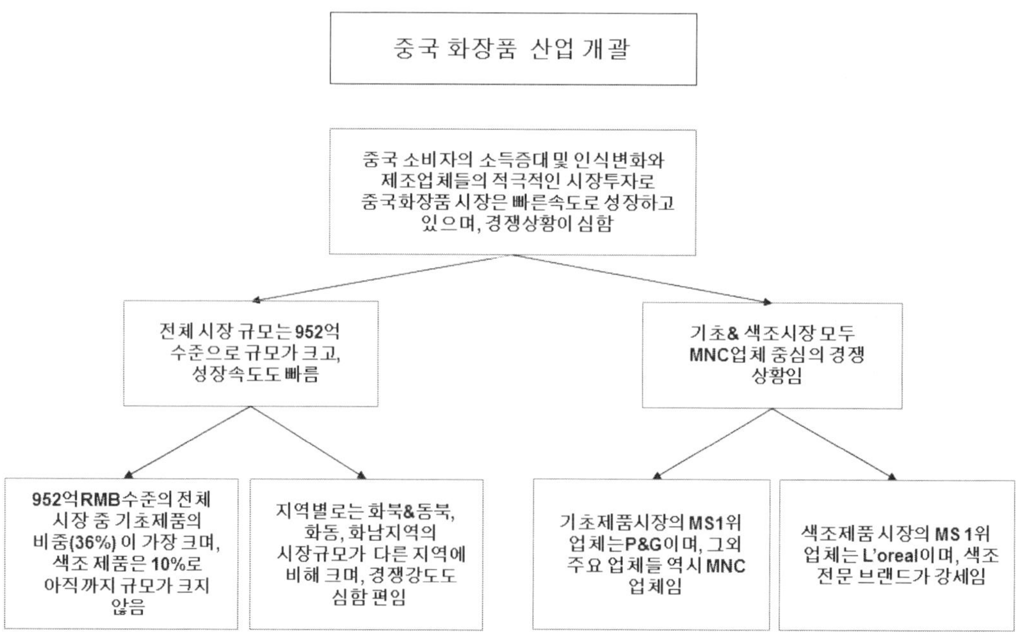

[그림 2-3] 중국 화장품 산업분석 개괄에 대한 예시

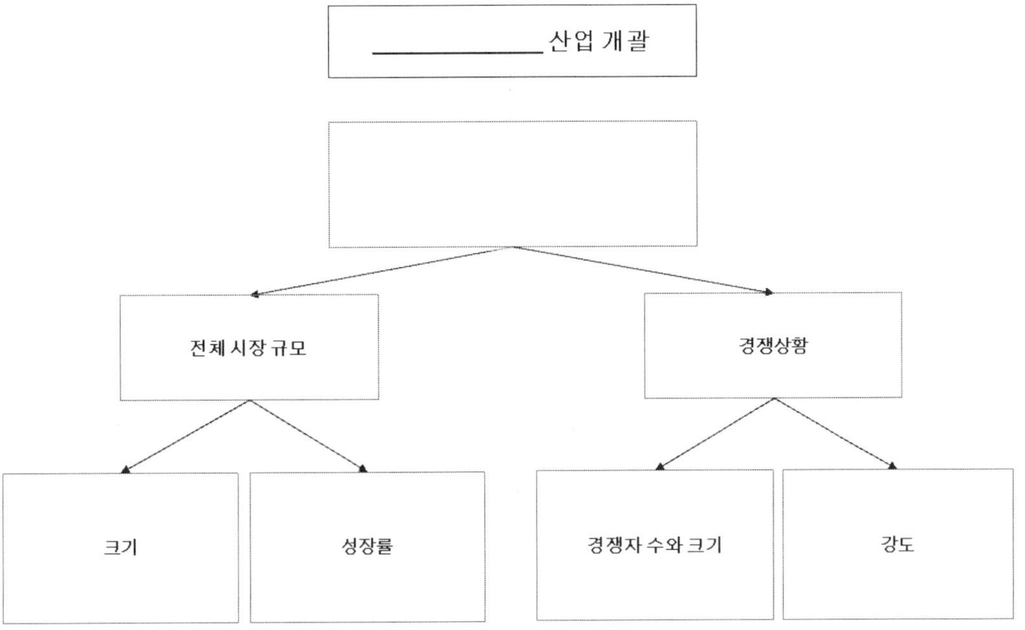

[그림 2-4] 독자가 관심있는 산업의 개괄에 대한 연습장

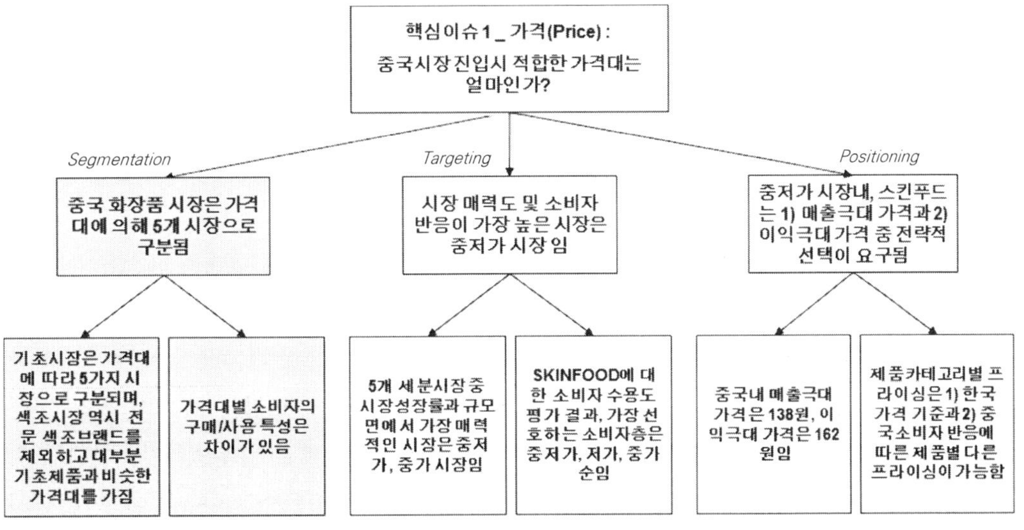

[그림 2-5] 중국 화장품 산업분석 중 가격부문 분석 예시

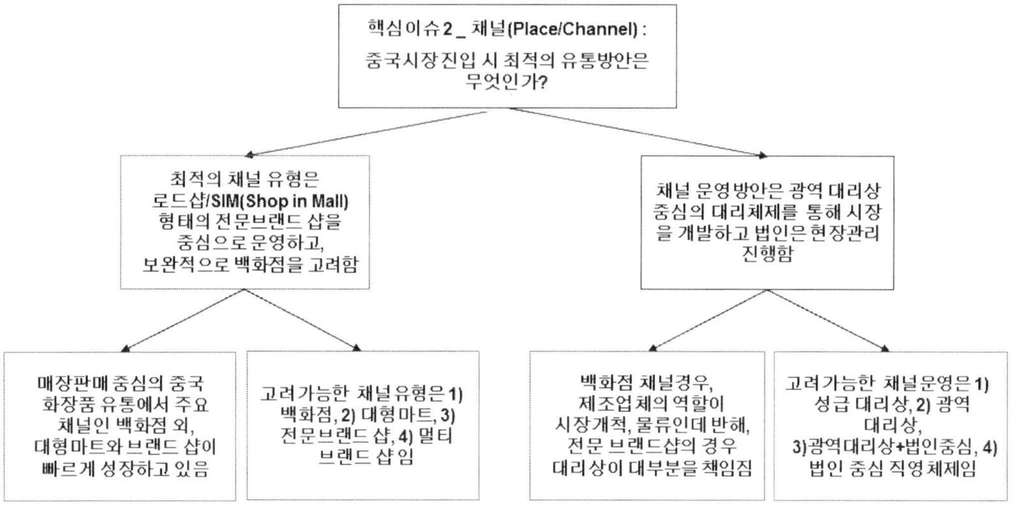

[그림 2-6] 중국 화장품 산업분석 중 유통부문 분석 예시

4 ▸▸ 창업할 제품카테고리 결정

창업자가 진입할 산업을 결정한 후,
- ► 그 산업에 어떤 제품카테고리로 진입할지
- ► 어느 목표시장을 공략할 지를 결정해야 한다.

(1) '새로운 제품카테고리'라는 관점

꼭 세상에 없던 신제품을 만들어서 창업을 해야 할까? Ansoff는 그러지 않고도 창업하여 성공할 수 있음을 보여주고 있다.

Ansoff 모형은 한 축에는 '시장에서 새로움'이라는 축을 쓰고, 다른 한 축에는 '제품의 새로움'이라는 축을 쓰는 2차원의 메트릭스로 이루어져 있다. 이 모형은 '어디서 싸울 것인가(where to compete)'에 관한 문제를 단순히 기존시장과 신시장으로 나누었지만, '어떻게 싸울 것인가(how to compete)'에 관한 경쟁무기를 기존제품과 신제품으로 구분하여, 단순하지만 두 가지 개념을 결합시키고 있는 장점을 가지고 있다.

Ansoff는 이 모형에서 네 가지 국면에서 창업할 수 있음을 보여주고 있다. 네 가지 국면은 네 가지 전략으로 명명된다.

시장에서 새로움 \ 제품의 새로움	기존 제품	신제품
기존시장	**시장침투전략**	**제품개발전략**
신시장	**시장개발전략**	**다각화전략**

[그림 2-7] Ansoff모형

첫째, 시장침투전략은 기존시장에 기존제품을 갖고 경쟁하는 경우를 말하며, 이 경우 이익을 창출시키기 위해 필요한 전략은 차별화전략과 원가우위전략이다. 이 전략을 사용하게 되면 경쟁이 심화되어 이 사업에 뛰어든 기업들은 생존하기 힘들게 된다.

- 2000년대 초반 대학로 혜화역 '라'출구에서 100m이내에 총 8개의 안동찜닭 전문점이 있었는데, 다른 사업자가 또 하나의 안동찜닭 매장을 내는 경우가 여기에 속한다. 2010년대 중반, 대학로 상권에서 안동찜닭으로 사업은 하는 경우는 드물다.
- 상권에 미장원이 많은데 또 다시 미장원을 창업하는 경우를 말한다.

둘째, 시장개발전략은 기존제품을 갖고 새로운 시장에 진입하는 방법으로, 한국에서 뜬 곱창밴드를 갖고 LA에 가서 판매를 한다거나, 한국사람이 노래방을 좋아하므로 한국사람이 많이 모여 있지만 노래방이 적은 미국 달라스/휴스톤 등에 노래방을 내는 경우를 말한다. 이 방법은 기존에 검증된 제품으로 욕구나 필요가 기존시장과 비슷한 새로운 시장에 들어가 싸우는 방법을 말한다. 이 시장개발전략에는 크게 세 가지 접근법이 있다.

① 계층적 접근법: 사회적으로 하위계층이 상위계층의 제품을 선호한다는 점을 이용하여, 연예인들이 잘 다니는 청담동의 카페에서 유행한 에스프레소 커피를 사무실들이 밀집한 여의도에 매장을 열어 판매하는 경우가 여기에 해당한다. 상위계층이 하위계층의 제품을 선택한 경우도 있다. 청바지가 그 사례이다. 에밀졸라의 소설 '제르미날'을 보면 많은 광부들의 유일한 작업복이 청바지였음을 알 수 있다. 이것이 계층적으로 확대되어 영국의 귀족들도 청바지를 입고 다닌 것을 독자들도 기억할 것이다.

② 효용적 접근법: 베이킹 파우더의 제조업자는 이 제품을 빵 굽는 용도로 만들었으나 가정에서는 냉장고 탈취제로, 군인들은 무좀약으로 사용한다. 이렇게 소비자들이 제품이나 서비스를 사용하는 다양한 사용처를 잘 관찰했다가 그 새로운 사용처로 위치정립(positioning)하는 경우가 효용적 접근법이다.

③ 지리적 접근법: 이 접근법은 한 지역에서 채택된 제품을 시장성이 높은 다른 지역으로 판매지역을 확대하는 것을 말한다. 1990년대 말, 한국에서는 PC방이라는 세계적으로 유래가 없는 매장형태가 등장했다. 이제 PC방은 시드니에서도 볼 수 있고, 중국 북경과 상해에서도 PC방을 볼 수 있다. 최근 수도권 내 백화점 식품관에 국내외 각 지역의 유명 맛집이 입점하여 영업을 하고 있는 것도 지리적 접근법에 속한다. 우리나라 커피점에서는 커피를 주문하고 라면 진동벨을 준다. 중국은 이런 진동벨을 주는 문화가 없다. 최근에 한국젊은이들은 상해에서 커피매장을 돌아다니면서 진동벨 서비스를 제공하겠다고 영업하고 다닌다는 뉴스가 나왔다.

셋째, 제품개발전략은 신제품을 갖고 기존시장에 진입하는 방법이다. 이 경우는 시장이 이 제품을 받아들일 수 있는 여건이 되었는지, 즉 시장성에 대한 충분한 조사가 선행될 필요가 있다. 즉, 홍서범이라는 가수가 랩 형식의 '김삿갓'이라는 곡으로 가요시장에 진입했을 때 시장은 반응하지 않았으나, 서태지가 '난 알아요'라는 곡을 발표했을 때는 시장이 반응한 예에서 알 수 있듯이, 시장이 제품을 받아들일 수 있는 상태인지에 관한 확인이 필수적이다.

넷째, 다각화전략은 신제품으로 새로운 시장에 진입하는 방법이다. 이 때 시장이 해당 제품을 받아들인다면 좋겠지만, 그렇지 않을 경우 매우 위험한 방법이다

> 우리는 Ansoff모형을 보면서 '시장–제품 적합도'라는 개념을 생각하게 된다. 반드시 세상에 없던 신제품을 만들어서 창업을 해야 하는 것이 아니라는 것을 보여준다. Ansoff는 신제품 카테고리와 기존제품 카테고리 모두에서 창업하여 성공할 수 있음을 보여주고 있다.

이 책의 나머지 장에서 기존 제품과 신제품을 모두 고려하여 창업아이디어를 생산하고 적용하는 과정을 알아본다.

5 ▸▸ Abell의 '업(業)의 개념'

우리는 지금까지 논의된 사업분석모형이 오마에 겐이치의 시장(고객), 경쟁사, 자기분석으로 설명될 수 있음을 이해하였다. 경쟁사의 제품보다 높은 가치를 지닌 제품으로 많은 수의 고객이 있는 시장에서 싸우라는 것이다.

따라서 우리는 고객에게 선보이는 '높은 가치'의 제품이나 서비스는 기업의 전략적 목표에 부합하는 동시에, 경쟁사에 비해 시장에서 성공적으로 포지셔닝(positioning)되어야 한다. 이 전략의 부합성을 판단하는 기준으로 Abell은 1) 목표시장(who), 2) 제품/서비스가치(why), 3) 제품/서비스공급형태(how or what)를 제시한다. Abell은 이 세 가지 기준으로 '業의 개념(Business Definition)'을 제시하였다.

Abell의 '업의 개념'은 세 가지 구성요소로 되어 있다. 첫 번째는 우리 회사가 누구를 대상으로 사업을 하고 있는지를 알아낼 수 있는 '고객집단'이다. [그림 2-8]의 X축은 우리 제품이나 서비스를 현재 사용하거나 미래에 사용가능할 고객집단을 나열하는 축이다.

두 번째 구성요소는 그 고객집단이 왜 우리의 제품/서비스를 사는 지를 분석할 수 있는 '고객욕구'이다. 이 기준을 활용하기 위해 Y축은 이 고객들이 왜 이 제품이나 서비스를 구매하는지에 대한 욕구를 나열하는 축이다.

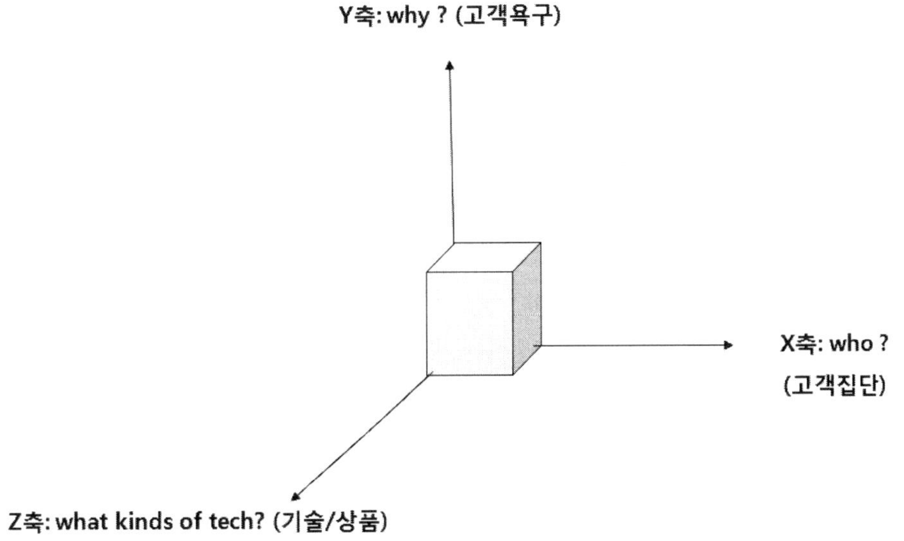

[그림 2-8] Abell의 업의 개념(Business definition) 그림

세 번째 구성요소는 그 욕구를 만족시키기 위해 우리 회사가 채택하고 있는 '기술'이다. Z축은 X축의 고객이 Y축의 욕구를 만족시키기 위해 기업이 어떤 제품이나 서비스를 제공해야 하는지에 대한 기술이나 콘텐츠(contents)를 나열하는 축이다.

우리 회사가 진입하려고 하는 시장에 실제 우리의 상품으로 진입했을 경우, 경영자는 (1) X축의 고객집단인 목표시장에 적합도가 높은지, (2) Y축의 고객욕구를 잘 만족하고 있는지, (3) Z축에 제시된 우리 상품의 기술(내용)이 Y축을 만족시키는 도구인지를 점검해야 한다.

우리 회사 상품과 경쟁사의 것을 그림으로 그렸을 때 겹치는 부분이 있다면, 그 곳이 바로 직접경쟁이 일어나는 부분이다. 창업자는 우리 상품과 경쟁사의 상품이 경쟁하게 할지, 아니면 경쟁을 회피할 지를 결정해야 한다. 이 때 전략삼각형 개념의 관점에서 보면, 가능하면 경쟁사와 겹치지 않는 곳에서 사업을 영위하는 것이 좋다. 그 곳이 경쟁사는 없고, 고객은 존재하는, 우리 회사에게만 기회가 있는 시장이기 때문이다.

좀 더 쉬운 이해를 위해 중국에서 판매되는 껌 사례를 들어보자. [그림 2-9]는 중국시장에 진출한 Wrigley의 Double Mint상표와 Mentos상표를 '업의 개념'에 적용시킨 것이다. X축은 연령을 적용하여 시장을 세분화한 것이다. Wrigley는 어린아이에서 노인에 이르는 폭넓은 연령층을 목표시장으로 하고 있는 반면에, Mentos는 연령적으로 젊은이를 선택적으로 목표시장으로 하고 있음을 알 수 있다.

Y축은 목표시장의 고객이 제품을 구매하는 이유를 보여준다. 주로 Wrigley를 구매하는 소비자는 입안의 상쾌함을 얻기 위해 제품을 구매하며, Mentos 구매자는 재미를 얻기 위해 제품을 구매하고 있음을 알 수 있다. 그래서 Z축에서 Mentos는 재미를 주는 껌을 표현하기 위해 cube통에 넣어 제품을 판매하는 차별화전술을 사용하고 있다.

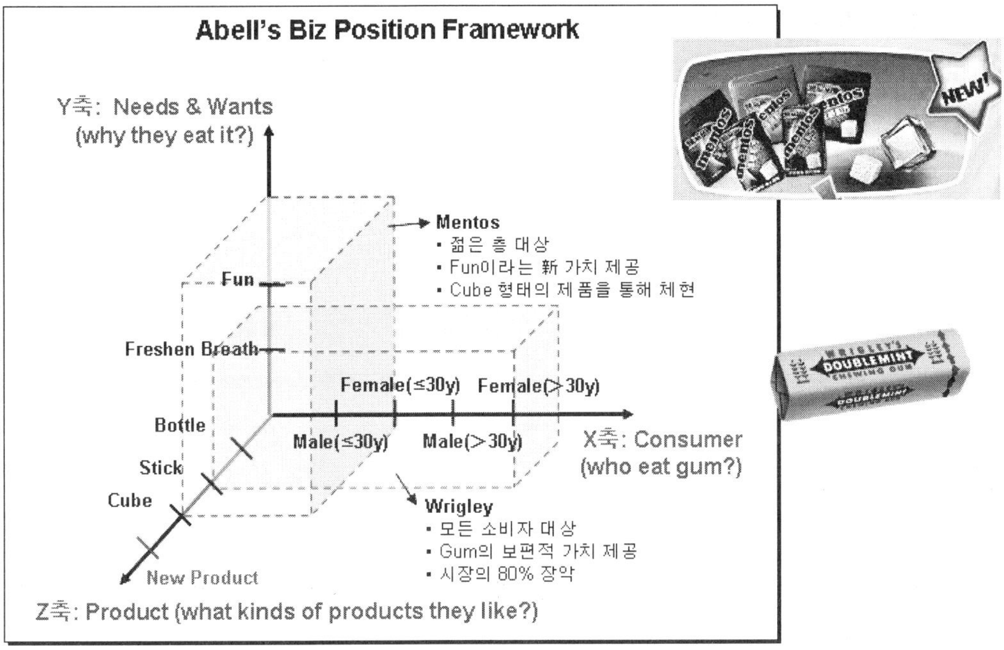

[그림 2-9] Abell 업 개념에 Double Mint와 Mentos 적용해 보기

6 ▸▸ 토론 과제

- 최근 몇 년간 창업한 회사들 중 '싸울 곳'을 잘못 선택하여 회사가 문을 닫은 사례를 찾아라. 그 사례를 Abell의 업의 개념으로 [그림 2-8] 위에 그려보아라.

- 경쟁자가 없는 사업아이템을 적어 보아라.

► 경쟁사가 없는 사업아이템이 존재하는 시장을 찾아 적어보아라.

7 ▸▸ 요 약

창업하는 사람이 창업아이템을 선정할 때 반드시 점검해야 할 사항은 세 가지이다.

- ► 시장은 큰가? 또는 클 가능성이 있는가?
- ► 경쟁자는 적은가?
- ► 우리 자신이 그 상품을 생산 판매하는데 경쟁우위가 있는가?

8 ▸▸ 참고문헌

- ► 곽영식(2005), 마케팅관리: 기법과 사례를 통한, 서울: 도서출판 대명.
- ► 곽영식(2013), 창업을 위해 미학에서 배우는 신제품개발: 서울: 피앤씨미디어.
- ► 한욱상, 이두희, 곽영식(2016), 경영학원론: 서울: 피앤씨미디어.
- ► Abell, D.F.(1980), Defining the business: The starting point of strategic planning, Prentice-Hall, Englewood Cliffs, NJ.

9 ▸▸ 별첨: 블루오션과 레드오션

- '취향을 찾아주고 검증된 제품을 골라주는 작은 가게들'이 늘어나고 있습니다.
- 홍대 앞의 작은 동네서점인 '땡스북스'에서는 서점주인이 한 달에 한 번 직접 주제를 정하고, 이메 낮는 도서들을 엄선해 전시도 합니다.
- 서촌의 향수가게는 향료회사에서 기술을 배운 주인이 직접 향기를 골라 고객의 취향껏 향수를 만들어 줍니다.
- 임영란씨는 직접 디자인한 한식 전용 1인 식기 세트를 판매합니다.
- '뮤직시티'라는 온라인 음원회사는 희귀한 음반들을 유료로 과금하면서 사이트를 운영하고 있다.

http://news.chosun.com/site/data/html_dir/2015/12/16/2015121602203.html
goo.gle/7GIyII

(1) 정 의

이미 잘 알려져 있어 경쟁이 매우 치열한 시장을 레드오션(red ocean)이라고 한다. 현재 많은 기업이 한정된 파이를 놓고 치열한 경쟁을 벌이고 있는 것이다. 시장점유율을 높이려면 경쟁기업을 능가하는 제품을 내놓아야만 한다. 하지만 어느 한 기업이 조금이라도 뛰어난 제품을 선보이면 경쟁상대는 곧 그것을 모방한다. 이런 시장을 레드오션에 기업에 속해 있다고 부른다.

그 결과 시장에 나오는 제품은 특징 없이 균일화되고, 제품이 이렇다 할 특징이 없으면 구매자는 당연히 가격이 싼 제품을 선택한다. 그러다 보니 나날이 가격경쟁이 심해져서 안 그래도 형편이 좋지 않은 시장에서 경쟁은 한층 더 치열해진다.

기업이 레드오션에서 취할 수 있는 전략은 두 가지이다. 계속 레드오션에서 싸우는 것, 아니면 레드오션에서 벗어나 블루오션으로 가는 것이다. 블루오션 전략은 레드오션에서 치열한 경쟁에 시달리고 있는 현대의 기업이 취해야 할 또 하나의 전략이 된다.

블루오션이란 '현재 존재하지 않거나 알려져 있지 않아 경쟁자가 없는 유망한 시장'을 가리킨다. 즉 미지의 시장공간이다. 그리고 이런 미지의 시장을 창출하는 전략이 블루오션 전략이다.

(2) 블루오션의 효과

블루오션에서는 시장 수요가 경쟁이 아니라 창조에 의해 얻어지며, 여기에는 높은 수익과 빠른 성장을 가능케 하는 엄청난 기회가 존재한다. 그리고 블루오션에는 애당초 경쟁상대가 존재하지 않기 때문에 경기 법칙이 아직 정해지지 않은 상태이므로 경쟁은 무의미하다. 따라서 블루오션은 아직 시도된 적이 없는 광범위하고 깊은 잠재력을 지닌 시장을 비유하는 표현이다. 이 용어는 프랑스 인시아드 경영대학원 국제경영 담당 석좌교수이며 유럽연합(EU) 자문위원인 김위찬 교수가 학교 동료인 르네 모보르뉴(Renee Mauborgne) 교수(인시아드 전략 및 경영학 교수, 세계경제포럼 특별회원)와 함께 제창한 기업 경영 전략론 '블루오션 전략'에서 유래했다. '블루오션 전략'은 2005년 2월 하버드 경영대학원 출판사에서 단행본으로 출간돼 순식간에 베스트셀러 목록에 올랐고, 전 세계 1백여 개국에서 26개 언어로 번역·출간됐다. 블루오션 전략은 기업들은 발상 전환을 통해 산업혁명 이래로 끊임없이 거듭해 온 경쟁 원리에서 벗어나 고객에게 차별화된 매력 있는 상품과 서비스를 제공하여 누구와도 경쟁하지 않는 자신만의 독특한 시장을 만들어야 한다는 것이다.

(3) 블루오션의 창출토대는 가치혁신

김위찬과 모보르뉴는 가치혁신이 블루오션 전략의 토대가 된다고 주장한다. 즉, 블루오션을 창출하려면 그에 앞서 가치혁신이 이루어져야 한다는 것이다. 바꿔 말하면 블루오션은 가치혁신의 결과로서 생겨나는 것이다.

가치혁신이란 '구매자에게 지금까지 없었던 가치를 제공하고 수익을 올리는 비즈니스 모델을 구축함으로써 기존의 시장경계선을 새롭게 정비하는 것'을 말한다. 구매자가 느끼는 가치를 높이려면 제품을 차별화해야 한다. 따라서 간단하게 정의하면, 가치혁신은 차별화와 저비용을 동시에 실현하는 것이 블루오션 전략의 토대라고 할 수 있다.

(4) 블루오션의 평가

블루오션 전략은 경쟁에 비중을 둔 기존의 경영전략론과 완전히 반대되는 개념으로, 이러한 점이 블루오션 전략의 가장 큰 특징이다. 블루오션 전략은 경쟁상대가 없는 새로운 시장을 창출하는 것이 목적이므로 경쟁에서 살아남기 위한 전략론과 블루오션 전략은 전략의 대상이 전혀 다르다.

전략대상이 다르면 당연히 전략내용도 달라진다. 따라서 일반적인 마케팅 수행단계의 정석과도 맞지 않는다. 일반적 마케팅 수행단계에서는 시장을 나누는 세그멘테이션을 중시하는 데 반해 블루오션 전략은 탈세그멘테이션을 지향한다.

블루오션은 어느 업종에서나 창출할 수 있다. 레드오션에서 블루오션으로 전략의 방향을 바꾸기만 하면 된다. 즉, 스마트한 전략적 이동을 실천함으로써 누구나 블루오션을 개척할 수 있다.

(5) 블루오션의 사례

이러한 블루오션은 오래전부터 존재해왔으며 그동안 블루오션을 창출한 기업도 많다. 가령 1900년대 초 미국의 자동차 제조산업에서는 500여 개의 기업이 치열한 경쟁을 벌이고 있었으며, 헨리 포드(Henri Ford)가 내놓은 T형 포드자동차도 그 중 하나였다. 포드는 철저한 효율화 정책 아래 저가의 T형 포드를 대량생산했고, 이 자동차는 곧 대중의 마음을 사로잡게 된다. 즉 기존에 경쟁하던 500여 개의 기존 자동차 회사들의 표적시장은 부유층이었으나 T평 포드는 일반 대중을 표적시장으로 하였다. 블루오션 창출에 성공한 것이다.

그러나 T형 포드의 독주는 영원히 지속되지 않았다. 자동차의 대중적 보급으로 획일적 디자인/기능의 자동차보다는 자기 취향에 맞는 디자인/기능의 자동차를 원하는 구매자들이 나타난 것이다. General Motors는 구매자의 계층에 따라 각기 다른 종류의 차종을 선보이는 전략을 실행하였고, 이것이 적중하여 1926년부터 1950년까지 24년에 걸쳐 연간 200만 대에서 700만 대로 증가한 미국 내 자동차 총 판매량 중 GM의 시장점유율이 20퍼센트에서 50퍼센트까지 상승한 것이다. 반면 포드의 시장점유율은 50퍼센트에서 20퍼센트로 대폭 하락하게 된다.

이처럼 블루오션은 영원히 지속되지 않으므로 기업은 지속적인 가치혁신과 지속적인 전략적 움직임을 멈추지 말아야 한다.

(6) 블루오션과 오마에겐이치의 전략삼각형과의 관계

블루오션은 가치혁신을 통해 경쟁자가 없는 곳에서 이익을 창출하는 것이다. 따라서 전략삼각형 중 경쟁사가 없는 곳에서 자기자신이 가치혁신을 통해 경쟁우위를 갖고, 시장을 만족시키는 것이 바로 블루오션이 된다.

(7) 참고문헌

- [네이버 지식백과] 블루오션 [blue ocean] (시사경제용어사전, 2010. 11.)
- W. Kim, and Renee Mauborgne(2004), "Why the competition doesn't matter", The Marketer.
- Akira Nagano(2010), "Blue Ocean Strategy"
- 김위찬 · 르네 마보안(2015), 블루오션전략, 서울: 교보문고.

제 3 장

전략과 경쟁우위

제2장에서 우리는 창업 분야 및 사업의 아이템을 분석할 기준과 도구를 정리한 바 있다. 이제 우리가 하는 사업아이템이 갖추어야 할 경쟁우위에 대해 생각해 보자. 상품을 생산하고 판매하다보면 경쟁사와의 경쟁은 불가피하다. 만일 다행히도 우리가 선택한 사업아이템이 독점을 하고 있다면 더 할 나위 없이 좋겠지만, 그런 시장은 드물기 마련이며, 우리가 독점한 시장기회를 뺏으려는 새로운 경쟁자가 생길 가능성이 높다. 따라서 경쟁자가 존재한다는 것은 사업의 기본이다. 그렇다면, 경쟁자와 경쟁하여 이기기 위해 기업은 무엇을 갖추어야 하는가? 우리는 그것을 경쟁우위(competitive advantage)라 한다.

- 이순신 장군은 조총을 가진 왜군과 싸우기 위해 사정거리가 긴 대포를 준비했다. 조선 수군이 왜군의 사정거리 밖에서 공격을 했기 때문에 왜군은 접근전을 위해 필사적으로 배의 속도를 높여 조선수군에 접근해야만 했다. (경쟁우위)
- 2010년대 초반 오리온 껌이 중국에서 성공적으로 정착하여 사업을 유지하는 비결에는 특허권이 있는 독특한 껌용기 덕분이다. (차별화)
- 오뚜기 케첩이 세상에 나온 후에 많은 경쟁자가 한국시장에 진입하려 했으나 실패했다. 이를 막을 수 있었던 요인 중의 하나는 오뚜기가 계속 가격을 인상하지 않았기 때문이기도 한데, 이것이 가능한 이유는 오뚜기는 원가가 저렴한 케첩원료를 세계 곳곳에서 찾아 공급을 했기 때문이다. (원가우위)
- 스카니아라는 트럭전문 자동차 회사는 자동차 회사 중에서 독보적으로 이 세분시장에서 집중하여 시장을 지배하고 있다. (집중)
- 인도 시장에서는 펩시콜라가 절대적으로 시장점유율이 높은데, 이는 인도시장에 코카콜라가 들어가기 전부터 펩시가 시장을 미리 선점했기 때문이다. (선점전략)
- 한국시장에서 LG전자 스마트폰의 시장점유율이 삼성전자의 그것에 비해 상대적으로 시장점유율이 낮은 이유는 스마트폰 시장을 삼성전자에 선점 당했기 때문이기도 하다. (선점전략)

1 ▸▸ 전략의 개념

그리스어 strategia(將帥術)에 그 어원을 두고 있는 전략(strategy)이라는 단어는 전쟁에서 적을 속이는 술책이라는 뜻을 가지고 있으며, 18세기 말까지의 전쟁은 이와 같은 의미로서만 통하였다(두산대백과사전).

전략은 군사적 개념에서 벗어나 기업전략 등 비군사적 분야에서도 응용되고 있다. 전략은 적용되는 차원에 따라 대전략(大戰略)·국가전략(國家戰略)·군사전략(軍事戰略), 기업전략, 사업전략으로 크게 나눌 수 있다.

이 책에서 다루는 것은 기업전략이자 사업전략이다. 제2장에서 우리는 우리가 경쟁할 시장을 '업(業)'이라는 개념을 통해 선택하였다. 시장에 진입하면 경쟁사가 존재한다. 다행히 경쟁사가 존재하지 않아서 일시적인 독점상태를 유지하고 이익을 향유할 수 있더라도, 시간이 지나면 이익이 발생하는 시장에 반드시 경쟁자가 진입하게 된다.

이렇게 경쟁자가 진입하거나, 경쟁자가 존재하는 시장에 우리가 진입하여 경쟁의 환경이 조성되었을 때, 경쟁자의 움직임에 우리 회사는 어떻게 행동해야 할까? 이러한 행동을 미리 결정해 놓는 것이 기업전략이다.

이 장에서는 마이클 포터(Michael E. Porter)가 지적한 본원적 경쟁우위를 달성하기 위한 세 가지 전략과 데이비드 아커(David A. Aaker)가 주장한 선점(preemptive)전략을 소개하고, 시장에서 우리 회사가 경쟁자와 견주어 차지하고 있는 상대적 위치에 따라 취해야 할 전략을 정리함으로써 독자들에게 기업전략에 대한 이해를 제공한다.

2 ▸▸ 마이클 포터의 본원적 전략

마이클 포터(Michael E. Porter)는 산업구조 하의 경쟁전략을 많이 소개한 바 있다. 그가 제시한 5가지 경쟁요인이 있는데, 이 5가지 경쟁요인 상에서 산업 내의 다른 기업을 능가하기 위한 잠재적 성공의 3가지 본원적 전략 접근법을 다음과 같이 제시하였다.

- 총체적인 원가우위(overall cost leadership)
- 차별화(differentiation)
- 집중화(focus)

(1) 총체적인 원가우위 전략

산업 내에서 원가우위를 점하고 있으면, 판매가격을 낮출 수 있고, 고객에게 경쟁사보다 낮은 판매가격을 제시할 수 있으며, 경쟁사보다 판매력이 증가하며, 잠재적인 경쟁자의 등장을 막을 수 있게 된다. 따라서 원가우위를 확보한 기업은 산업 내에서 시장주도적 위치를 확보할 수 있게 된다.

이러한 원가우위를 확보하기 위해 취할 수 있는 방법은 다양하다.

먼저, 초기에 제품판매가격을 매우 낮게 책정하여 시장에 진입함으로써 (침투가격전략) 시장점유율을 극대화하는 방법이 있을 수 있다. 대량생산을 위해 대량으로 원료를 구매하면 수량할인 등을 통해 저렴한 원가를 확보할 수 있게 된다. 두 번째 방법으로는 낮은 원가를 가진 원료를 찾아 많은 탐색을 하는 방법이다. 오뚜기가 케첩의 원가우위전략을 유지하기 위해 구매부가 세계를 돌아다니며, 낮은 원가의 토마토케첩원료를 공급하고 있는 것이 그 대표적인 사례이다. 셋째로 변동비와 고정비가 낮은 지역에서 생산을 하는 방법이다. 국제경영론에서는 이런 지역을 찾아내어 제품을 생산하는 일련의 사례들을 찾아볼 수 있다. 예를 들어 예전 벨파스트는 1916년에 타이타닉을 건조할 정도로 명성 높은 조선도시였다. 하지만, 조선산업은 변동비와 고정비가 낮은 지역에서 생산하는 것이 유리하므로 20세기 후반에는 한국으로, 최근에는 중국으로 그 생산기지가 바뀌고 있다.

원가우위전략으로 성공한 기업을 적어보자. 그들이 어떻게 원가우위를 확보했는지를 적어보자.

(2) 차별화

포터나 아커는 제품차별화가 산업 및 시장 내 경쟁에서 이길 수 있는 세 가지 전략 중의 하나라고 지적했다. 고객의 욕구를 만족시키는 차별화의 달성은 고객의 선택가능성을 높이고, 이를 통한 판매량 및 시장점유율 증가를 통해 기업의 생존이 가능하게 된다. 차별화의 원천은 매우 많다.

- 이미지 차별화
- 디자인 차별화
- 맛 차별화
- 색상 차별화
- 형태 차별화
- 콘텐츠 차별화
- 운영체계 차별화
- 내구성 차별화
- 브랜드 차별화
- 가격차별화
- 공간차별화

우리나라에서 활동하는 아이돌 가수 5개 팀을 제시하라. 그들이 갖고 있는 차별화 전략을 정리하여 제시해 보자.

빅뱅은 다른 아이돌과 비교하여 어떤 차별화 전략요소를 갖고 있는지를 제시하라.

2016년도에 샤오미(小米)는 저가의 핸드폰, 전기 자전거 등으로 중국시장에서 돌풍을 일으키고 있다. 이 회사의 차별화요소를 찾아 적어보자.

(3) 집중 전략

이 전략은 아주 작은 세분시장에 집중하는 전략이다. 집중화는 비용우위에 기반을 둔 저가시장에서도 가능하며, 차별화 우위에 기초한 고가특화시장에서도 가능하다.

앞의 사례에서 스카니아는 트럭시장에서 집중화 전략을 실행하고, 람보르기니는 호화 스포츠카 세분시장에서 집중화를 실시하고 있는 것이다.

- 피죤이라는 회사는 섬유유연제 시장에 집중하고 있다.
- 太古라는 중국회사는 중국 설탕시장에서 거의 독점을 하고 있다.
- 중국 冷茶시장의 부동의 1위 王老吉(왕라오지)라는 기업이다.
- 세계 와인냉장고 시장의 1위는 중국의 Haier이다.

한국에서 판매되는 제품카테고리 중 집중전략을 사용하고 있는 회사를 5개 제시하라.

한국 음료시장에서 집중전략을 사용하여 성공적으로 시장을 지배하고 있는 사례를 찾아 제시하라.

3 Aaker의 선점전략

선점전략이란 목표시장의 욕구를 먼저 점유하는 전략을 말한다.

- 1980년대 비디오 재생방식에서 옛날 소니(SONY)의 베타(Beta)방식이 기능적으로 우수했음에도 불구하고, VHS방식이 세계 널리 채택된 사례가 그것이다. 사람들은 VHS 방식의 비디오플레이어를 먼저 보았기 때문에 이 방식의 제품을 구매하였다. 비디오는 내구성이 있기 때문에 VHS방식의 제품을 이미 구매한 소비자들이 베타방식의 제품으로 바꾸기 까지는 오랜 시간이 필요 했다. 따라서 SONY방식의 비디오플레이어는 시장에 정착하기 힘들었다.
- 인도시장에 펩시가 먼저 진입했기 때문에 코카콜라는 힘을 못 쓰고 있다.
- 편의점에서 식혜음료를 구매할 때 타사제품이 있어도 많은 소비자가 '비락식혜'를 선택하는 경향이 있다. 식혜음료시장에 비락식혜가 가장 먼저 진입하여 시장을 선점했기 때문이다.
- 2010년대 중국은 도시등급이 북경 상해 광주와 같은 1급도시부터 5급도시로 규모별로 구분되어 있다. 오리온은 중국 껌시장에서 다른 기업보다 먼저 3급, 4급 도시에 진출하려고 노력하고 있다. 이들 시장에서 소비자의 맛을 선점할 수 있기 때문이다. 이미 오리온은 한국 내 매출보다 중국 매출이 훨씬 많다.

한국에서 판매되는 제품카테고리 중 선점전략을 사용하고 있는 회사를 5개 제시해 보자.

4 ▸▸ 시장 내 위치별 경쟁전략

시장에서 우리 기업의 경쟁위치가 시장선도자(leaders), 도전자(challengers), 추종자(followers), 적소자(nichers) 중 무엇인가에 따라 우리 기업이 행동해야 할 전략이 모두 다르다(Kotler, 2008). 창업자는 주로 틈새시장에 적소자로서 진입하는 틈새전략을 사용하게 된다. 틈새시장(niche market)이란 경쟁자가 눈여겨 보지 않는 시장이지만, 우리가 진입하여 충분히 생존할 수 있는 공간을 말한다.

아래에서는 시장에서의 우리의 위치에 따라 선택할 수 있는 전략적 방향에 대해 논의한다.

(1) 시장 선도자(market leaders)의 경쟁적 전략

① 총 시장의 확대전략

현재 우리의 제품을 사용하지 않지만, 사용할 수도 있는 사람(시장 침투 전략), 그 제품을 결코 사용해보지 않은 사람(새로운 세분시장 전략), 어딘가 다른 곳에 살고 있는 사람(지리적 확장 전략)을 찾아 낼 수 있다.

더 많은 용도와 사용처를 찾아낼 수도 있다. 사용량은 소비 수준이나 수량을 늘리거나 또는 소비의 빈도를 늘림으로써 증가 될 수 있다.

- 호주의 Yellow tail wine은 저가의 와인제품으로 미국시장을 공략하여 2008년 급성장을 이룸
- 환자를 위한 건강식이었던 시리얼을 일반인이 아침식사로 먹도록 용도를 확장
- 존슨 앤 존슨 베이비 로션은 주로 유아를 목표시장으로 개발하였는데, 그 유아의 엄마를 대상으로 광고하여 매출액을 증가시킴

② 시장 점유율 방어전략

경쟁사로부터 시장점유율을 방어하기 위한 전략으로는 위치방어, 측면방어, 선제방어, 대응적 방어, 기동적 방어, 축소형 방어 등이 있다.

시장선도자는 **위치방어**를 선택할 수 있다. 회사의 상표(브랜드)를 난공불락으로 견고하게 만드는 것이다. 소비자의 마음속에 가장 바람직한 시장 공간을 확보하는 것이 관건이다. 코카콜라 등이 지속적인 광고를 하는 것이 그 사례이다.

측면방어를 할 수도 있다. 자기 회사의 약한 측면을 지키기 위한 방어를 실행하는 것이다. 호텔들이 주요브랜드 호텔보다 낮은 가격과 낮은 품질의 서비스를 제공하는 호텔이나 자신과 비슷한 포지셔닝의 호텔 등 세컨드브랜드를 만드는 것이 그 사례이다.

선제방어란 경쟁사가 선도 기업을 공격하기 전에 먼저 공격을 가하는 것이다. 오뚜기는 다른 식품회사가 마요네즈 시장에 들어온다는 정보를 듣고, 자사 제품의 판매가격을 미리 낮추어 경쟁사의 진입을 적극적으로 방어하였다.

시장 선도자는 경쟁사에게 공격을 받을 경우 경쟁사에 대항하는 공격을 실시하기도 한다. 즉 역공격으로 응수하는 것인데, 이를 **대응적**(역공격적) **방어**라고 한다. 대응적 방어로서 선도자는 공격자의 공격에 정면으로 맞서거나 제 3의 경쟁사와 협동작전을 개시하는 등의 다양한 전략적 선택 방법을 취할 수 있다.

기동적 방어는 미래의 방어 및 공격의 기초가 될 만한 새로운 시장으로 선도자의 영역을 확대하는 것이다. 선도기업이 시장 확대와 시장 다각화를 통해 자기주도적으로 새로운 시장으로 영역을 확산시키는 것을 말한다.

축소형 방어는 시장 선도기업이 모든 영역에서 자기 위치를 더 이상 방어할 수 없게 되는 경우에 실시한다. 계획된 축소는 약한 위치를 포기하고 강한 위치에 자원을 재할당하는 것이다.

(3) 시장점유율 확대전략

시장 선도자들은 항상 시장 점유율을 더욱 증대시킴으로써 수익성을 향상 시킬 수 있다. 챈들러는 시장점유율과 기업의 크기를 증가시키는 것이 기업생존의 지름길임을 강조한 바 있다(Chandler 1994). 시장점유율을 확대하면 기업이 신제품을 출시할 때도 기존 시장점유율이 높은 제품과 연계판매를 할 수 있는 등 시장점유율이 적은 기업보다 더 쉽게 시장에 안착할 수도 있다.

(2) 시장도전자(market challengers) 전략

시장 도전자란 시장에서 시장선도자보다 시장점유율이 낮은 2위 또는 3위의 기업을 말한다. 이 시장도전자는 제일 먼저 전략 목표와 그 경쟁자를 정의해야 한다. 대부분의 시장도전자의 중요한 전략 목표는 시장 점유율을 늘리는 것이다. 도전 기업은 또한 공격하고자 하는 경쟁사를 결정해야 한다.

예를 들어 2015년에 새천년민주당을 탈당한 안철수의원은 탈당하자마자 기존 자신이 머물던 야당인 새천년민주당을 공격하지 않고, 새누리당을 공격하였다. 이는 기존 자신의 지지층이 새누리당과 중복되어 있었기 때문이라는 평가를 받는다. 공격목표인 경쟁자는 새누리당이고, 전략목표는 여당의 중도 보수 지지층을 흡수하려는 것일 수 있는 대목이다.

공격 대상자와 목표가 분명하게 정해졌다면, 적을 공격하는 데 있어 여러 가지 선택 가능한 방법을 검토해야 한다. 즉, 5가지 공격 전략인 정면공격, 측면공격, 포위공격, 우회공격, 게릴라식 공격 등으로 구별 할 수 있다.

① 정면공격: 전적인 정면공격에서는 공격자가 경쟁사의 제품, 가격, 광고 등에 대응해야 한다. '힘의 원칙' 이란 '더 많은 인재(재원)를 가진 측이 싸움에서 이긴다.'는 것이다. 상대방의 가격과 비교하여 가격을 인하하는 것과 같이 수정된 정면공격도 취할 수 있는데, 시장 선도자가 가격 인하로 보복하지 않거나 또한 공격자인 시장도전자의 제품이 선도 기업의 제품과 동일하다는 사실을 공격자가 시장에 확신시킬 수 있다면 이러한 공격이 시행될 수 있다.

② 측면공격: 적군의 약점은 적에 대한 매우 좋은 공격점이 된다. 측면공격은 2가지 전략적 차원, 즉 지리적 차원 및 세분시장 차원에서 경쟁사를 대상으로 취해질 수 있다. 지리적 공격은 상대방이 높은 성과를 얻지 못한 지역에 공격자가 시장을 적극적으로 취하는 것이다. 또 다른 측면공격 전략은 노출된 시장 욕구에 집중하는 것으로서, 일본 자동차 제조업체들이 연료 절약형 자동차를 개발 했을 때, 위의 전략을 구사했다. 측면공격 전략은 세분시장의 변화를 확인하기 위한 또 다른 명칭이다. 즉, 현재 업계의 제품이 충족시키지 못함으로써 야기되는 시장에서의 갭(gap)을 파악하고, 또한 그 갭을 채우기 위한 활동을 추진해 그 세분시장을 강한 세분시장으로 만드는 것이다. 측면공격 전략은 상대방보다 적은 자원을 가진 도전 기업의 입장에서는 특히 매력적인 전략이다. 측면공격은 정면공격보다 성공 가능성이 상대적으로 높다.

2장에서 다룬 블루오션이 여기에 해당한다. 측면공격의 대상이 되는 지리적, 사회계층적 세분시장은 일시적으로 경쟁자가 존재하지 않는 블루오션이 될 수 있다.

③ 포위공격: 포위공격은 넓은 범위에 걸쳐 전격적으로 공격함으로써 적진지의 전체 범위를 장악하기 위한 것이다. 포위공격은 공격자(도전기업)가 방어기업(선도기업)보다 우월한 재원을 가지고 있고, 신속한 포위 공격이 방어자의 의지를 깨뜨린다고 믿는 경우에만 전략으로서의 의미가 있다.

④ 우회공격: 우회공격은 가장 간접적인 공격전략 중의 하나로, 경쟁사를 우회해 자사의 자원 기지를 넓히기 위해 좀 더 쉬운 시장을 공격하는 것을 의미한다. 이 우회 공격은 3가지 방법, 즉 비관련 제품으로의 다각화, 기존 제품에 대한 새로운 지리적 시장으로의 다각화, 기존 제품을 대체하는 새로운 기술로의 도약이 있다. 기술적 도약은 첨단 기술 산업에서 흔히 사용하는 우회 전략이다. 도전기업은 지속적으로 새로운 기술을 개발해 공격을 제시함으로써 그 전쟁터를 자사의 영역으로 확보하며, 그 곳에서 우위를 점하는 것을 목표로 한다.

⑤ 게릴라식 공격: 게릴라식 공격은 궁극적으로 영구적인 발판을 확보하기 바라면서 경쟁사를 당황하게 하고 혼란시킬 목적으로, 경쟁사의 여러 영토를 소규모적이며 간헐적으로 공격하는 것이다. 도전기업은 경쟁사를 게릴라식으로 공격하는 데 있어 재래식 방법과 현대식 방법 모두를 이용할 수 있다. 이러한 방법에는 선택적인 가격 인하, 집중적인 촉진활동, 여러 가지 법적활동 등이 포함된다. 보통 게릴라식 공격은 소규모 기업이 대기업에게 취하는 방법이다. 소규모 기업은 경쟁사의 시장 지배력을 점차적으로 약화시키려는 의도로 대규모 경쟁사 시장의 이곳저곳에서 단기적인 촉진 및 가격공격을 하게 된다. 군대식 교리에서는 소규모의 지속적 공격은 몇 번의 대규모 공격보다 큰 영향을 주며, 조직과 적을 혼란시킨다고 주장한다. 지속적인 게릴라식 캠페인은 정면공격, 포위공격, 우회공격 보다 비용이 상대적으로 적게 소요된다고 하지만 반대로 많이 소요될 수도 있다. 게릴라식 공격은 전쟁 그 자체보다는 전쟁을 위한 준비이다. 만약 공격자(도전기업)가 상대방 경쟁사를 섬멸하고자 한다면 궁극적으로 강력한 공격을 가해야만 한다.

(3) 시장 추종자(market followers) 전략

상당수 기업들은 시장 선도자에게 도전하기 보다는 시장 선도자를 추종한다. 추종자는 도전기업의 주요 공격 표적이 되므로 생산 원가를 낮게 만들고, 품질과 서비스는 높게 유지해야 한다. 또한 추종자는 새로운 시장이 개방되었을 때는 해당 시장에 진입해야 한다. 즉, 추종기업은 성장 궤도를 정의해야 하는데, 그 궤도는 경쟁사의 보복을 유발하지 않는 것이어야 한다. 넓은 범위에서 4가지 추종 전략이 가능하다.

① 모조자 전략: 모조자는 선도자의 제품과 포장을 그대로 모방해 암시장이나 평판이 좋지 않은 판매상을 통해 판매한다.

② 무성생식 복제전략: 복제 기업은 제품, 상표명 및 포장에 대해 선도기업과 유사하지만 약간 다르다.

③ 모방(차별적 추종) 전략: 모방기업은 선도기업으로부터 특정 부분을 모방은 하되 포장, 광고, 가격, 위치 등에서는 어느 정도 차별화를 유지한다. 선도기업은 이 모방기업이 선도기업을 공격하지 않는 한 모방기업에 별 관심을 기울이지 않는다.

④ 적응(선택적 추종) 전략: 적응기업은 선도기업의 제품을 선택해 그 제품을 그대로 채택하기도 하며, 어느 때는 개선하기도 한다. 적응기업은 선도기업의 시장과는 다른 시장에서 판매하기도 한다. 그러 선도기업의 입장에서 볼 때, 적응기업은 장차 도전자로 성장할 가능성이 높은 경쟁자이다.

(4) 시장 적소(틈새; niche) 기업전략

원래 니치(niche)란 적소, 특정분야, 특정 활동범위를 나타내는 말로서 니치시장(niche market)은 곧 적소(틈새)시장, 특정분야의 소규모 시장을 의미한다. 마케팅적 시각에서 니치시장은 시장점유율이 낮은 기업이나 후발기업이 기존시장에의 직접적 진출을 피하면서 아직 선점되지 않은 분야를 공략하여 자신의 입지를 넓혀 가는 전략을 꾀할 경우 선택된다. 기업이 생존하는 방법 중의 하나는 대규모 시장에서 소규모 분야 또는 틈새(적소) 분야의 선도자가 되는 것이다.

예를 들면, 중형차 시장 내 경쟁이 치열할 때 고급차나 저가시장을 공략하거나, 태슬러처럼 전기차를 만드는 것이 적소기업 전략 또는 틈새기업 전략이다.

전체 시장에서 시장 점유율이 낮은 기업들도 훌륭한 적소전략을 통해 수익성을 개선할 수 있다. 틈새(적소)화 전략이 어떻게 이익을 창출하게 할까? 시장 적소 기업이 시장성이 높은 표적 고객집단을 끝까지 찾아내려는 노력을 하고, 그 시장에 집중을 한다면, 해당 틈새시장에서 간헐적으로 행동하는 다른 기업들보다 표적고객의 욕구를 더 잘 충족시킬 수 있다는 것이다. 결국 적소기업은 고객에게 부가적인 가치를 제공하기 때문에 원가보다 실질적으로 많은 이윤폭을 제품에 부과할 수 있다. 즉, 적소기업은 높은 이윤폭을 성취하지만 한편 대중 시장 추구기업은 대량 판매를 성취한다.

적소기업은 3가지 과업 즉, 틈새시장 창조, 틈새시장 확장 및 틈새시장 보호 과업을 수행한다. 틈새(적소)화는 그 틈새시장이 고갈될 수 있다는 점과, 경쟁자로부터 공격을 받을 수 있다는 점 등의 중요한 위험을 감수해야 한다.

독자가 알고 있는 틈새기업 또는 적소기업을 적어보고, 이 기업들이 블루오션을 창출하는 기업과는 어떤 차이를 보이는 지를 논의해 보자.

5 ▶▶ 요 약

이 장에서 포터(Michael E. Porter)와 아커(David A. Aaker)가 제시한 경쟁우위 전략은 크게 네 가지이다.

- 총체적인 원가우위(overall cost leadership)
- 차별화(differentiation)
- 집중화(focus)
- 선점전략

기업들은 이 경쟁우위를 갖추어야 하고, 일정기간 경쟁자보다 우위를 유지하고 있을 때 비로소 경쟁우위를 보유했다고 볼 수 있다.

6 ▶▶ 참고문헌

- Aaker, D.A.(2009), Strategic market management.
- Chandler, A.D.(1994), Scale and scope: The dynamics of industrial capitalism.
- Kotelr, P.(2008), Kotelr 마케팅관리, 서울: 시그마프레스.
- 김위찬·르네 마보안(2015), 블루오션전략, 서울: 교보문고.
- 마이클포터(2008), 마이클포터의 경쟁전략, 서울: 21세기북스.
- 한욱상·이두희·곽영식(2016), 경영학원론, 서울: 피앤씨미디어.

7 ▶▶ 독자의 연습공간

독자가 주거하는 집 앞의 식당 하나를 선택하라.

그 식당 주변에 경쟁하는 다른 식당의 이름을 나열하라.

독자가 선택한 식당의 경쟁우위를 적어보자.

경쟁우위가 있다면, 그 경쟁우위가 얼마동안 지속될 지를 적어보자.

경쟁우위가 없다면, 그 식당이 언제 사업을 접게 될 지를 예측해 보자.

제 2 부

비즈니스 모델에서 찾는 창업아이템

이 책은 창업아이템의 원천(source)을 나열하고, 그 원천별로 창업아이템 개발을 위한 틀(framework)을 제시한 후, 독자 스스로 그 틀 안에서 창업아이템를 개발하는 일련의 과정을 다루고 있다.

이 장에서는 창업아이템 원천으로서의 비즈니스모델 구성요소를 제시한다.

비즈니스모델(Business model)이란 기업이 목표시장이 원하는 가치를 어떻게 창조하고, 가치를 전달하고, 수익을 확보하는 가에 대한 근거를 기술하는 것이다. 이 비즈니스모델 구성요소의 시작은 목표시장(소비자)이 상품을 획득(구매)했을 때 얻게 되는 '가치(value)'에서 시작되며, 기업이 상품제공(판매)으로부터 얻게 되는 '수익'으로 끝나게 된다.

비즈니스모델의 구성요소는 8가지로 이루어져 있는데, 이 8가지 구성요소는 '상품(제품/서비스) 정체성'이라고 명명할 수 있다. 성공적인 비즈니스모델은 이 8가지가 서로 잘 화합하여 구성되어 있는 것을 말한다.

비즈니스모델은

- ▶ **목표시장**이 크고 뚜렷하며 접근가능하고,
- ▶ 기업이 목표시장에게 제공하는 유용한 **가치**를 표현할 수 있어야 하며,
- ▶ 이 가치가 목표시장에 제공되는 **통로가** 확보가능함과 동시에 명확하고,
- ▶ **고객접점관리의** 방법이 차별적이거나 경쟁우위를 갖추고 있어야 한다.
- ▶ 이 때 창업자는 성공적인 비즈니스를 위한 **핵심과업을 뚜렷이 정해야 하며, 이 과업은 성취가 가능해야 한다.**
- ▶ 또한 이 과정에서 발생하는 모든 **비용은** 비즈니스를 시작하기 전에 명확히 계산가능 하여야 하고,
- ▶ 목표시장에게 제시되는 **가격을 통해 수요가 창출되는 정도가** 사전에 예측되어 있어야 한다.

창업자는 위의 7단계를 모두 아우를 수 있는 '**상품 정체성**'을 한 마디로 정의 내려서 투자자, 고객, 해당 회사의 직원에게 말할 수 있어야 한다. 이로써 비즈니스모델이 완성된다.

이제 이 장에서는 비즈니스모델의 8가지 구성요소들을 하나씩 점검해 가면서, 독자여러분의 창업아이템 개발에 필요한 가이드라인을 제시한다.

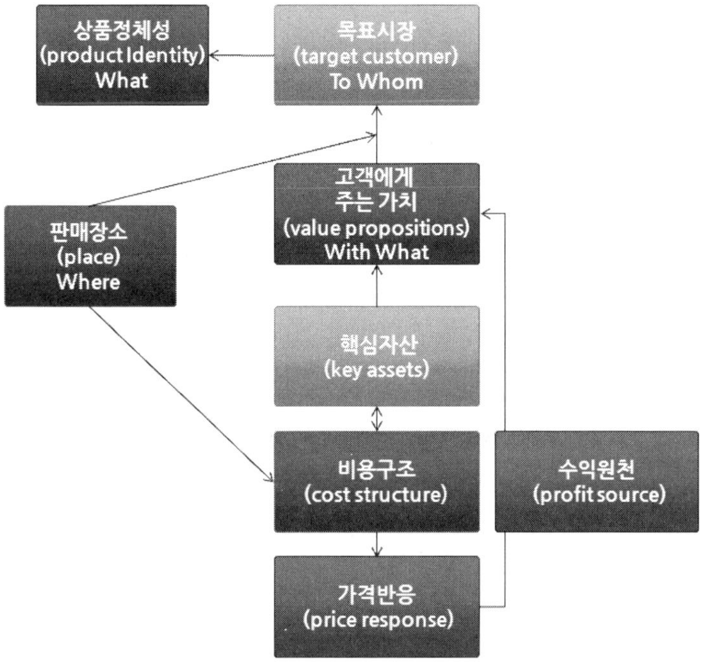

[그림] 비즈니스모델의 8가지 구성요소

창업사례: 스마트 플레이트

1 Product /service Identity

'스마트 플레이트'는

부모님 머리맡에 전시된다.

효도용으로(왜) 자녀가 부모님을 위해 구매한다 (누가).

자녀소식을 찍은 사진을
자녀가 스마트폰으로 수시로 전송하면

이 사진을 받아서
저절로
수시로 사진이 바뀌어 전시된다(어떻게).

온라인에서 365일 언제나 구매할 수 있다(언제 어디서).

'스마트폰으로 자녀가 찍은 사진을
부모 책상 위에서 저절로 번갈아 보여주는
전자액자'

제 4 장

목표시장의 인구통계학 특성에서 창업아이템 찾기

비즈니스 모델을 시작하는 첫 구성요소는 목표시장을 정의하는 것이다.

목표시장이란 우리 제품이나 서비스에 돈을 지불하는 사람이나 조직을 말한다.

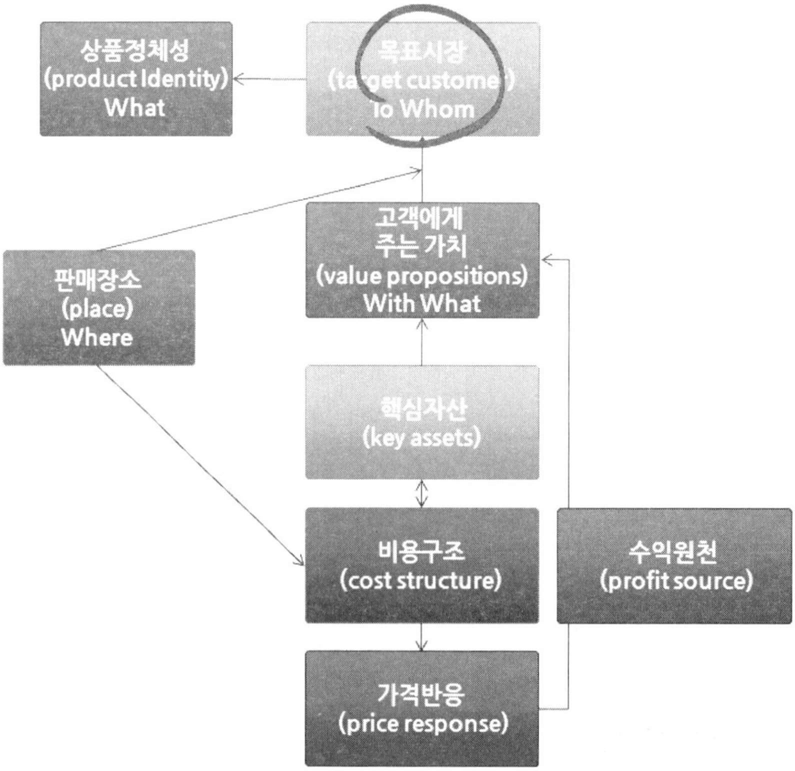

이 목표시장은 충분한 양의 구매자로 이루어져 있어야 한다. 이 목표시장은 우리 창업기업의 제품이나 서비스가 물리적으로 진열되거나 서비스를 제공할 수 있는 실질적 거리 내에 있어야 한다. 즉, 목표시장의 사람들이 구매하고 싶을 때, 실제 제품이나 서비스를 구매할 수 있어야 한다는 것이다.

예를 들어 '돼지 분뇨청소기'라는 제품이 있다고 가정해 보자. 이 제품의 주요 수요처인 양돈업자들은 각 지역에 흩어져 있다. 또한 돼지 분뇨 청소기를 사고자 하는 사람, 즉 해당 제품의 수요자 수가 매우 제한적이라는 것은 누구나 생각할 수 있다. 따라서 창업자가 목표시장이 무엇인지 잠시 생각만 해 보아도 이 사업의 수익성은 제한적임을 명확히 알 수 있다. 창업자라면 이 아이템으로는 사업을 시작하지 않는 것이 바람직하다.

1 ▶▶ 조직구매자와 개인구매자

제일 먼저 창업자가 확인해야 하는 목표시장의 성격은 바로, 고객이 조직인지 개인인지를 구분하는 것이다. 판매단위와 구매자의 단위에 따라 회사가 갖추어야 할 조직 및 영업방식이 달라지기 때문에 비즈니스모델을 구상할 때는 목표시장의 단위를 명확히 해야 한다.

- 설탕이나 TV, Tablet PC처럼 개인별로도 구매가능하고 조직규모로도 구매가 가능한 제품/서비스를 판매하는 창업기업인 경우, 창업자는 개인을 위한 유통망과 조직을 위한 유통망을 동시에 갖추어야 한다.
- 한국야쿠르트처럼 야쿠르트 아줌마를 개인사업자로 내세운 인적판매 조직과 할인마트 등 유통업체에 제품을 납품하는 조직을 동시에 가동할 수도 있다.
- 반면, 개인만이 구매가능하고 조직구매가 거의 이루어지지 않는 제품/서비스를 판매하는 경우에는 유통망설계나 영업조직이 설탕이나 TV를 판매하는 회사와는 완전히 달라진다.
- 와인 구매자는 개별가정 소비자와 식당 등의 대량구매자로 나누어진다.

따라서 창업자 자신이 판매하고자 하는 제품이나 서비스를 개인에게 판매할지, 조직에게 판매할 지를 사전에 결정해야 한다. [그림 4-1]의 맨 마지막 칸에 독자가 창업할 사업아이템의 목표시장이 개인인지 조직인지를 선택하여 적어보자.

창업 아이디어와 아이템 1:
- ► 기존 제품의 고객이 개인뿐이라면, 조직을 대상으로 한 창업조직으로 창업할 수 있다.
- ► 기존 제품의 고객이 조직이라면, 개인을 대상으로 한 창업조직으로 창업할 수 있다.

제품카테고리	구매고객이 사람	구매고객이 조직
설탕	• 가정에서 요리 시 필수소비품으로 사용 • 2010년 가구수 2000만	• 대기업, 중소기업 등의 식품업에서 설탕을 사용
TV	• 가구별 필수품(2010년 가구수 2000만) • 신규 수요 정체	• 경기 하강 국면에 진입 • 조직 구매의 신규 수요정체
Tablet PC	• 개인사치품에서 개인필수품으로 변화하는 중	• 식당 등 서비스업 종사자의 필수품으로 변신 중
야쿠르트	• 야쿠르트 아줌마에게 구매하는 개인	• 조직구매자가 눈에 보이지 않음
스마트 플레이트	• 효도 전자액자로 자리매김할 수 있는 기회	• 조직구매자가 눈에 보이지 않음
당신의 제품	• ?	• ?

[그림 4-1] 제품별 구매자를 조직과 개인으로 분류한 경우

자, 이제 당신의 제품을 구매할 개인이나 조직의 숫자가 충분히 큰가를 생각해 보아야 한다. 만약 여러분이 선택한 창업아이템의 목표시장이 충분히 크지 않으면, 창업을 한다고 해도 매출을 올리기가 매우 힘들 것이다.

구체적으로는 목표시장의 성격이 조직인지 개인인지를 구분한 이후에, 그 목표시장이 충분히 큰 지, 접근가능한지, 목표시장이 우리제품을 살 수 있는 구매력이 있거나 구매의도가 있는지를 점검해 보아야 한다.

예를 들어 앞 서 예를 들었던 돼지분뇨청소기의 경우를 살펴보자. 2012년에 돼지를 사육하는 가구 수는 약 6,000여 개이다. 분뇨청소기가 100만원이고 이 6,000 가구가 모두 구매한다면 60억 시장이 된다. 초기 구매 후 재구매까지 걸리는 시간이 10년이라면 10년 후에야 다시 60억 시장이 열릴 것이다.

돼지사육 가구는 전국에 산재해 있다. 영업조직은 한 가구 한 가구에 본 제품을 알리고 구매를 권하고 이것이 실제 구매에 이르기까지 전국 방방곡곡을 돌아다녀야 한다. 물론 이 돼지사육가구는 이 청소기를 구매할 능력은 갖추고 있을 것이다. 다만, 이 제품을 반드시 사야 할 이유를 6,000가구가 모두 갖고 있다고 볼 수는 없다.

이와 같은 순서로 창업자 자신이 판매하고자 하는 제품이나 서비스의 시장크기, 접근가능성, 경제적 구매가능성을 점검하여 맨 마지막 줄의 빈 칸에 적어 보자.

[그림 4-2] 목표시장의 크기, 접근가능성, 구매가능성 점검

2 ▸▸ 나이를 이용한 창업아이디어와 창업아이템

아래 사례는 화장품이나 이미용품을 이용하는 고객을 나이에 따라 분류한 것이다. 35세 미만의 여성은 '예뻐지기 위해' 화장품을 구매하지만, 35세 이상의 여성은 '자기 자신이 어리게 보이도록' 화장품을 구매한다는 것을 보여준다.

이 그림을 바탕으로 나이를 이용하여 새로운 창업아이디어와 창업아이템를 만들어 보자. 이제 독자들은 15분의 시간동안 아래 화장품고객을 나이에 따라 분류하여 작성해 보자.

나이는 아주 좋은 시장세분화 기준이다.

옆의 그림을 보면
나이에 따라 화장품 및 이미용품을 사용하는 사람들의
욕구가 모두 달라짐을 보여줍니다.

즉, 시장을 세분화하면
목표시장이 달라지고
사업적으로 해야 할 일이 달라짐을 알 수 있습니다.

아래는 몇 가지 사례를 보여줍니다.

1. 화장품분류 (어른은 미샤를 쓰지 않는다)
2. 팬시 (어린이만 쓴다)
3. 어른용 옷, 어린이 옷
4. 아이돌 가수, 성인 가수

창업자 스스로 나이에 따라 시장을 나누어 보십시오.

1. ______________________

2. ______________________

3. ______________________

4. ______________________

[그림 4-3] 화장품 시장을 나이로 구분한 경우

저자는 14세 미만의 초등학교 학생들이 화장을 한 것을 본 적이 있다. 그들이 화장품을 구매하는 이유는 '어른처럼 보이고 싶어서'일 수 있다. 이 시장을 목표시장으로 창업할 수 있지 않을까? 따라서 창업의 기회는 위 표의 14세 미만에서도 발견할 수 있다.

그렇다면, 50세 이상의 어르신을 대상으로 한 화장품 시장기회는 존재하는가? 그 시장이 원하는 것은 무엇일까? 그 시장은 충분히 큰 목표시장의 고객 수를 갖고 있을까?

귀하의 제품을 구매하는 사람들을 연령으로 구분하는 것이 의미가 있을까?

위를 사례를 보면 14세, 35세, 50세 등의 나이에서 독특하게 제품구매욕구가 달라진다는 것을 알 수 있다. 귀하의 창업아이템에도 이렇게 독특한 나이 구분이 필요한가?

독자의 창업아이디어 제품을 적어보자.

그 창업아이디어 제품카테고리의 목표시장 연령을 적어보자.

그 목표시장의 연령보다 적거나 많은 나이를 가진 고객들이 이 제품카테고리에서 원하는 욕구가 존재하는가? 존재한다면 무엇인가? 그 새로운 연령층의 목표시장은 충분한 고객숫자를 갖고 있는가? 등의 대답을 적어보자.

창업 아이디어와 아이템 2:

- 기존 제품카테고리를 구매하는 고객의 연령보다 아주 낮거나, 아주 높은 곳에 새로운 시장이 있을 가능성이 있다.

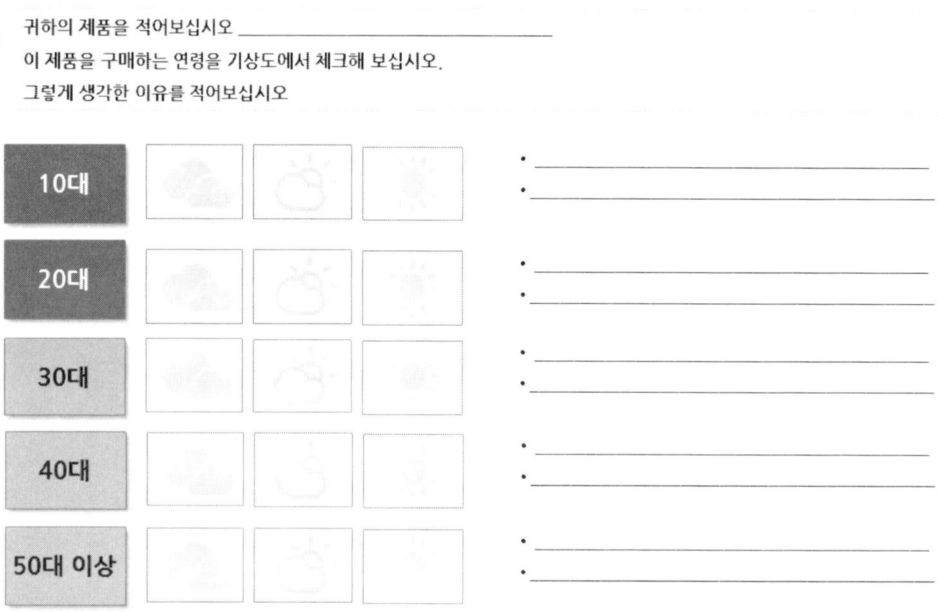

[그림 4-4] 창업 아이템의 목표시장을 적고, 그 구매가능성을 점검하는 표

3 ▸▸ 성별을 이용한 창업아이템

아래 사례는 패션제품을 대상으로 성별에 따라 시장을 구분하고, 그 세분시장별로 제품을 개발하여 공급할 수 있음을 보여주고 있다. 그리고, 빈 칸에 독자 스스로 성별에 따라 제품을 달리한 사례를 적어보자.

이를 통해 독자 스스로 성별에 따라 제품을 달리 개발하여 스스로 시장기회를 찾을 수 있다.

> 창업 아이디어와 아이템 4:
>
> ► 기존 제품카테고리를 구매하는 고객이 남자이면, 여자에게서 창업아이템과 기회가 있고, 그 반대의 경우에는 남자에게서 창업기회가 있다.
>
> ► 기존 제품카테고리가 양성 모두에서 사용되는 것이면, 특정 성별만을 대상으로 창업아이템을 개발할 수 있다.

예를 들어,

- ► 남성용 tablet pc, 여성용 tablet pc
- ► 여성용 보정속옷의 반대인 남성용 보정속옷.
- ► 남자용 안경, 여자용 안경.

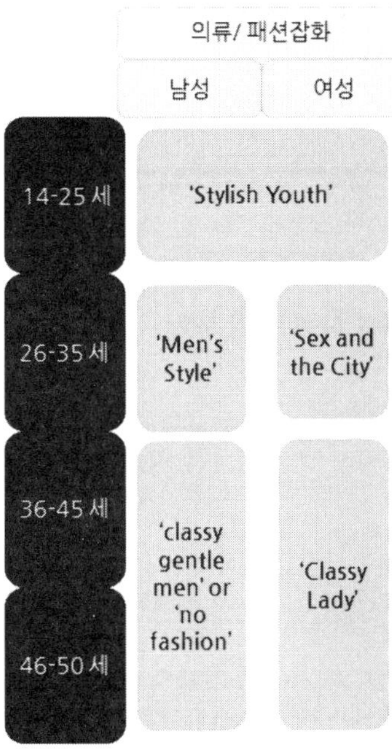

나이/성별은 아주 좋은 시장세분화 기준이다.

나이와 성별을 이용하여 제품을 달리 개발할 수 있는 기회를 적어보자.

1. 남성용 옷, 여성용 옷
2. 남성용 화장품/여성용 화장품
3. 유니섹스모드
4. 동성애를 지지하는 제품브랜드

5. ____________________

6. ____________________

7. ____________________

8. ____________________

[그림 4-5] 패션시장을 성별로 구분한 경우

독자의 창업아이디어 제품을 적어보자.

그 창업아이디어 제품카테고리의 목표시장의 성별을 적어보자.

그 목표시장의 주요 고객이 가진 성과 다른 성에서 시장기회가 존재하는가? 원하는 욕구가 존재하는가? 존재한다면 무엇인가? 그 새로운 성별층의 목표시장은 충분한 고객숫자를 갖고 있는지를 적어보자.

4 ▸▸ 결혼여부를 이용한 창업아이디어와 아이템

아래 사례는 속옷제품을 대상으로 결혼여부에 따라 시장을 구분하고, 그 세분시장별로 제품을 개발하여 공급할 수 있음을 보여주고 있다. 즉, 동일한 나이인데도 기혼여성은 상대적으로 남성적인 스타일의 속옷을 선택하고, 미혼여성의 경우, 젊은 나이에는 섹시한 스타일을 선호하다가, 나이가 들면 클래식한 스타일을 선호하게 됨을 보여준다. 아래 [그림 4-6]의 빈 칸에 결혼여부에 따라 동일제품에 대해 찾고자 하는 욕구가 달라지는 사례를 몇 개 적어보자. 이를 통해 독자 여러분은 결혼여부에 따라 제품을 달리 개발하여 스스로 시장기회를 찾게 된다.

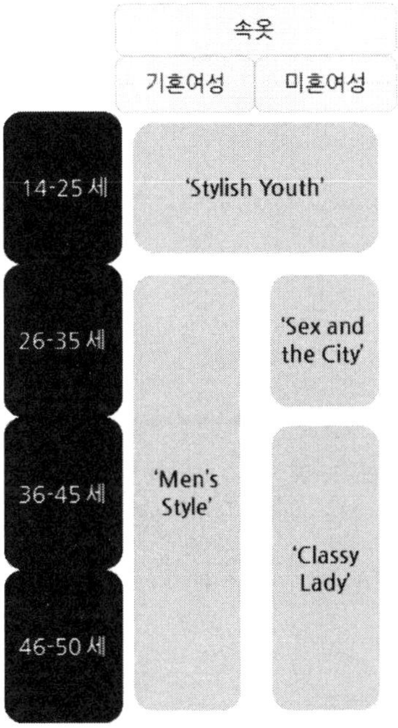

결혼여부는 아주 좋은 시장세분화 기준이다.

결혼여부로 제품을 달리 개발할 수 있는 기회를 적어보자.

1. 동일한 나이인데, 유부녀는 미혼보다 디테일이 적은 속옷을 입는다.
2. ______________________
3. ______________________
4. ______________________
5. ______________________
6. ______________________

[그림 4-6] 속옷시장을 결혼여부로 구분한 경우

창업 아이디어와 아이템 5:

- ► 동일한 나이에 미혼과 기혼자가 구매하는 제품스펙이 달라진다.
- ► 미혼이 많아지는 현재 추세를 반영할 때, 미혼을 위한 창업기회가 미래에 발생할 것이다.
- ► 기혼자의 연령이 증가하는 현재 추세를 반영할 때, 기혼자를 위한 창업기회가 미래에 발생할 것이다.

독자의 창업아이디어 제품을 적어보자.

그 창업아이디어 제품카테고리의 목표시장을 형성하는 고객의 결혼여부를 적어보자.

그 목표시장의 주요 고객이 기혼 또는 미혼자가 많다면, 어떤 시장기회가 존재하는가? 원하는 욕구가 존재하는가? 존재한다면 무엇인가? 그 새로운 목표시장은 충분한 고객숫자를 갖고 있는가를 적어보자.

5 ▶▶ 요 약

이 장에서 우리는 목표시장의 인구통계학적 변수인 나이, 성별, 결혼여부만을 이용해도 창업의 기회가 있다는 것을 알았고, 그 기회를 생각해 보는 시간을 갖게 되었다.

6 ▶▶ 참고문헌

곽영식(2015), 창업자를 위한 비즈니스모델 개발 템플릿, 서울: 피앤씨미디어.

제 5 장

고객의 구매시간에서 창업아이템 찾기

목표시장의 고객이 기존 제품을 구매하고 사용하는 시간에 대한 분석을 통해서도 창업 아이디어를 생산할 수 있다. 이 장에서는 구매시간과 소비시간으로 구분하여 창업아이템을 살펴보고자 한다.

- 목표시장 고객이 상품을 구매하는 시간
- 목표시장 고객이 상품을 소비하는 시간

1 ▸▸ 구매시간

목표시장을 확인할 때 창업자는 우리 상품을 구매하는 목표시장이 언제 우리 상품을 구매하거나 소비하는가를 생각해야 한다.

'언제'라는 주제를 생각하는 접근법은 두 가지가 있다.

- 첫 번째 접근법은 우리 제품과 경쟁제품이 판매되는 시간대를 확인하는 것이고,
- 두 번째 접근법은 경쟁제품이 판매되는 시간대를 피하여 다른 시간대를 공략할 수 있는지를 확인하는 것이다.

먼저 제품이 판매되는 시간대가 정해져 있는 경우의 예를 들어보자.

- 모닝커피는 '커피를 마시는 시간대가 아침'임을 강조하고 있다. 중국의 3급이나 4급 도시와 같이 아직까지 커피가 문화로 정착되지 않은 시장에서는 커피를 모닝커피로 알리는 전술은 아주 유용하다. 사람들에게 커피는 아침에 마시는 것이라고 학습시킬

수 있는 기회가 있기 때문이다. 커피를 마시는 것이 일상화되기 전에 아침에 마셔야 하는 상품으로 인식시키는 문화를 만드는 작업을 하는 것이다.

- ‘애프터눈 티(afternoon tea)’는 영국에서 오후 3시경에 스콘과 함께 차를 마시는 경우를 말한다. 이 문화를 접하게 되면, 왠지 오후 3시경에 되면 커피 대신에 반드시 차를 마셔야 할 것처럼 느껴지게 된다. 이는 ‘애프터눈 티’가 이미 문화화 되었기 때문이다.
- ‘일요일은 짜파게티 먹는 날’이라는 구호는 짜파게티 즉석면의 소비를 촉진하기 위해 광고에 사용된 문장이다. 사람들의 머릿속에 짜파게티가 소비되는 시간을 학습시키고 있는 것이다.

위의 사례에서 보듯이 만약 기존 제품이 판매되는 시간대가 정해져 있지 않다면, 창업자는 경쟁자의 제품이나 서비스가 판매되거나 소비되는 특정시간대를 목표시장에 제시할 필요가 있고, 이를 기반으로 창업기회를 만들 수 있다.

(1) 우리 제품과 경쟁제품이 판매되는 시간분석

시간을 이용하여 창업자가 창업 아이템을 생산하는 방법은 우리와 경쟁사의 제품이 판매되는 시간을 분석하는 것이다. 이를 위해 커피와 아이스크림이 팔리는 시간대를 분석하여 단순하게 가격체계를 달리하여 이익을 창출하는 사례를 보자.

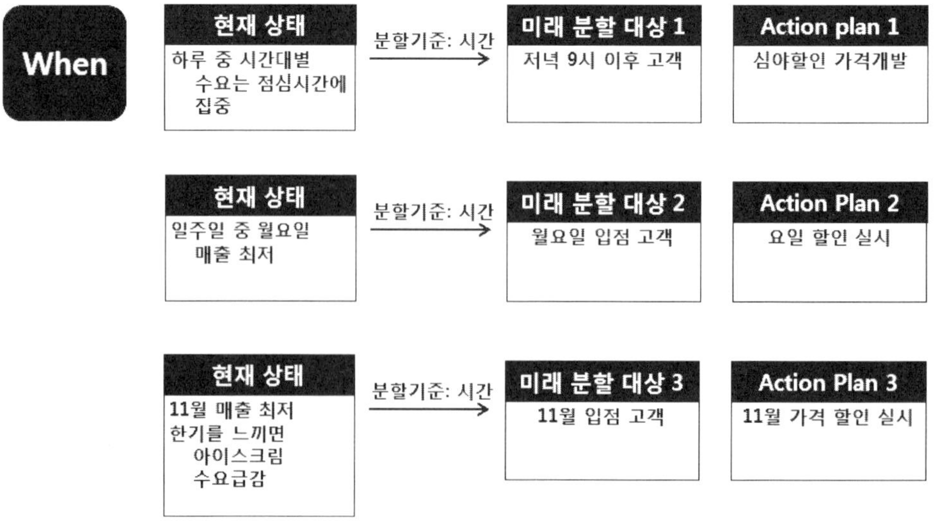

[그림 5-1] 판매되는 시간대에 따라 특별한 가격체계를 제시한 창업자 사례

<판매되는 시간>은 분할을 통해 새로운 매출과 이익을 창출할 수 있다. 위의 사례는 커피숍과 아이스크림 가게를 대상으로 하루, 일주일, 月을 기준으로 다양한 목표시장과 기회가 상존한다는 것을 독자들에게 보여주고 있다.

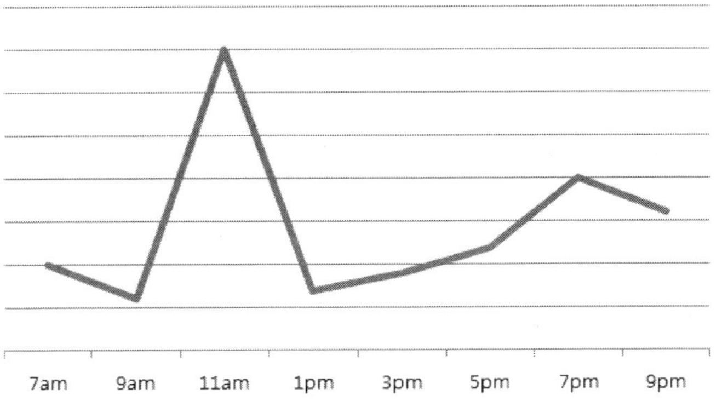

[그림 5-2] 한 커피전문점의 시간대별 매출

커피에 대한 수요는 하루 중 시간대별로 다를 수 있다.

예를 들어 커피가격은

- 아침 7시 출근하면서 식사대신 커피를 마시는 사람이 지불하고자 하는 가격,
- 점심 식사 직후에 후식으로 커피를 마시려는 사람이 지불하고자 하는 가격,
- 오후 4시에 손님과 커피를 마시려고 하는 사람이 지불하고자 하는 가격
- 저녁 퇴근 후에 식사 후에 커피를 마시려고 하는 사람이 지불하고자 하는 가격
- 밤에 술을 마신 후 입가심으로 커피를 마시려고 하는 사람이 지불하고자 하는 가격이 모두 다르다.

현재 커피가격은 단일 가격인데, 사람들이 24시간 동안 지불하고자 하는 가격이 이렇게 모두 달라지므로, 이 시간에 의해 가격을 달리하기만 해도 매출과 이익이 모두 달라질 것을 알 수 있다. 즉, 시간분할을 통해 매출과 이익을 올릴 수도 있다. 기존 커피숍을 창업한 후, 이런 가격전술을 사용하여 기존 커피숍과 차별화를 시도하는 창업매장이 가능한 것이다. 즉, [그림 5-2]와 같이 기존 상품이 하루 24시간 중 어느 시간대에 판매되는지, 요일별로 언제 가장 많이 판매되는지, 한 달 중 상순 중순 하순 중 어느 시기에 판매가 많이

되는지에 따라 가격을 달리하면 이익을 증가시킬 수 있다.

이제 다시 본론으로 돌아와, 제품이 판매되는 시간대별로 독특한 수요계층이 존재하는지와 그 고객들이 새로운 목표시장이 될 수 있는 지를 점검해 보자.

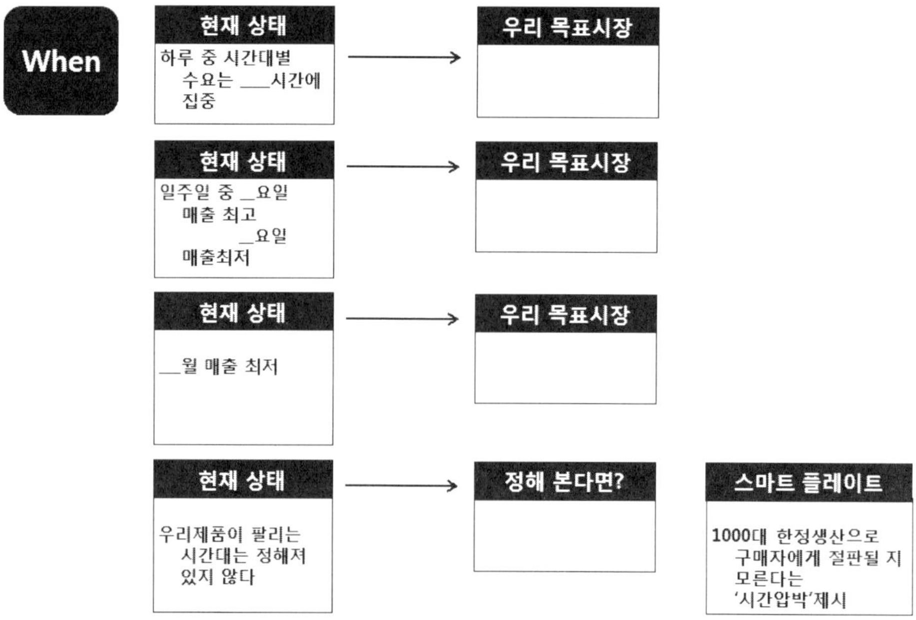

[그림 5-3] 판매되는 시간대에 따라 특별한 목표시장이 생기는 지를 확인하는 표

자사의 제품이 판매되는 시간대를 정리해 보자. 그리고, 새롭게 구매/소비 시간대를 정할 것인지, 기존에 판매되는 시간대를 축소 또는 확대할 것인지, 구매자에게 시간압박을 할 것인지를 결정하자.

'스마트 플레이트'의 경우에는 온라인에서 판매할 것이기 때문에 구매시점이 불명확하다. 그렇다면, 특정 구매시점을 개발해서 목표시장에게 제시해 보는 연습을 해 보자. 이렇게 구매시점을 제시하는 것이 판매에 유리하다면 채택할 필요성이 있다.

스마트 플레이트를 제작 판매하는 Tangram factory는 <1000대 한정생산 판매>라는 이슈를 내세웠다. 1000대만 한정 생산하기 때문에 조기에 판매가 완료될 것이라는 사실을 고객에게 전달하여 '구매시간압박'을 만들어 내었다. 구매시점이 불명확한 전자액자시장에서 무언의 압박을 통해 판매가 집중되는 시간을 창출해 낸 것이다.

이와 같이 시간을 통해 새로운 목표시장을 만들어 낸 사례가 있다. Woot.com이라는 회사는 하루에 한 가지 제품만을 판매한다고 광고하여, 하루 안에 반드시 구매를 해야 하는 시간압박을 고객들에게 전달하기도 한다.

창업 아이디어와 아이템 6: ▸ 고객이 구매하는 시간이 특별히 정해져 있지 않으면, 특별히 정하여 창업할 수 있다.

독자의 창업아이디어 제품을 적어보자.

경쟁자가 당신의 창업 아이템과 유사한 제품을 판매하는 시간을 적어보자.

특별히 판매가 이루어지는 시간이 없다면, 특별히 판매가 이루어지는 시간을 창업자 스스로 만들어 보자.

(2) 경쟁제품을 판매하지 않는 시간분석

[그림 5-2]의 커피전문점 사례를 보면 아침 7시부터 밤 9시까지 커피를 판매하는 것으로 되어 있다. 만약 경쟁자가 밤 9시부터 아침 7시까지 커피를 판매하지 않고 있다면, 우리

는 이 시간대에 매장에 문을 열어서 판매할 수 있게 된다.

- 야식당은 기존 식당이 음식을 판매하지 않는 시간대에 음식을 제공한다.
- 중국의 은행은 주말에도 영업을 한다.
- 주식 거래시장에서 장외거래란 주식거래시간 이외에 거래를 하는 것을 말한다.
- SC은행은 2016년 상반기부터 이마트 매장 내에 간이 지점을 개설하여 토요일에 영업을 한다.

> 창업 아이디어와 아이템 7:
> - 고객의 구매가 이루어지지 않는 시간대에 상품을 공급하는 창업을 할 수 있다.

2 ▸▸ 소비시간

사 례

신제품이 출시되었습니다
이름은 '레몬 머틀 (lemon myrtle)'
호주에서만 자라는 허브. 드디어 한국에서도 재배되기 시작했습니다.
(주)푸르란트 다소다(대표 김수진)는 한국 최초로 레몬 머틀을 재배하기 시작했습니다.

〈언제〉 마시는 차로 positioning해야 할까요?

Target customers

〈감기 기운이 있을 때
잠자기 전에 마시는 차〉

모든 연령에서 마실 수 있습니다.
남성 여성 모두 마실 수 있습니다.

〈캐모마일〉이 한국에 소개되고, 커피숍에서 일상적으로 커피와 경쟁하며 팔리기 시작할 때까지 20년이 걸렸습니다.

레몬머틀의 효능은 감기, 독감, 기관지염, 폐렴, 부비동염 등에 매우 좋을 뿐만 아니라 여드름, 알레르기, 아토피, 피부염, 피부발진 등에 매우 좋다. 또 소화불량, 가슴혼잡 스트레스, 불면증 등과 기미, 화상, 상처, 염증, 피부흉터 등에도 좋다.

독자는 지금 '㈜푸르란트 다소다'라는 회사가 만들어 판매하는 'lemon myrtle(레몬머틀)'이라는 이름의 제품을 보고 있다. 이 제품은 본래 호주에서만 재배되는 허브이다.

레몬머틀의 효능은 탁월하다. 감기, 기관지염, 폐렴 등에 좋을 뿐만 아니라 알러지, 아토비, 피부염에 효과가 있고, 소화불량과 불면증에 효능이 있는 것으로 알려져 있으며, 기미 피부흉터에도 작용한다.

이렇게 좋은 허브이지만 호주에서만 자생하기 때문에 널리 알려져 있지 않다. 그런데, 한국에서 이 허브를 재배하는 데 성공하였고, 이 허브를 판매하려 한다. 그러나 워낙 허브 종류가 많고 대체품이 많아서 좀처럼 판매기회를 확장시키지 못하고 있다. 그렇다면, 이 제품에 <시간>이라는 목표시장 성격을 부여해서 selling point를 만들어 보자.

'감기 기운이 있을 때 잠자기 전에 마시는 차'라는 시간을 부여할 수 있을 것이다. 특정 상황이나 시간대와 제품을 연결시켜서 성공한 사례를 응용해 본 것이다.

창업 아이디어와 아이템 8:
- ► 고객의 소비가 이루어지지 않는 시간대에 상품이 소비되어야 함을 설득함으로써 창업기회를 가질 수 있다.

독자의 창업아이디어 제품을 적어보자.

당신의 창업아이템과 유사한 경쟁자의 제품이 소비되는 시간을 적어보자.

특별히 소비되는 시간이 없다면, 특별히 소비되는 시간을 창업자 스스로 만들어 보자.

특별히 소비되는 시간이 있다면, 특별히 소비되지 않은 시간대에 소비를 증가시키는 방안을 제시하여 보자.

3 ▸▸ 시간의 분할을 통한 창업아이템 아이디어

첫째로 '시간단위'를 기준으로 분할할 수 있다. 제품의 수명이나 서비스의 단위를 기존 것과 다른 시간단위로 나누어 줌으로써 새로운 것을 창출할 수 있다.

- 북경 왕징(望京)에서 발마사지는 통상적으로 1시간이지만, 북경시내에 있는 궈마오(國貿)발마사지는 30분짜리가 있다.
- 야구선수들의 근무계약단위는 1년 또는 다년계약으로 연간단위이다. 하지만, 영국의 축구선수들은 주, 월단위로 단위로 계약을 할 수도 있고, 미국의 교수들도 월 단위로 계약할 수 있다.
- 식당에서는 동일한 음식이라도 런치메뉴 때와 저녁메뉴 때의 가격이 다르다.
- 중국의 어느 대기업은 경영진과 계약을 할 때, 외국인과의 계약기간은 다년간으로 하고, 내국인과 계약할 때는 1년씩을 계약한다. 국적에 따라 계약기간이 다른 경우이다.

둘째로 '시간에 의한 분리'를 실시할 수 있다. [그림 5-4]처럼 비행기의 바퀴를 보자. 초창기의 비행기에는 바퀴가 비행기 몸체에 붙어 있어서, 비행기가 날이기는 동안에 저항을 받게 된다. 사실 바퀴는 지상과 이착륙에서만 필요했으므로 사용시간이 아닌 비행 중에는 바퀴를 없애는 것이 좋은 상태인 것이다. 그래서, 이륙 후에는 바퀴가 접어져서 몸체에 들어가는 창작이 발생한 것이다. 이것이 사용시간에 의한 분리이다. 사용시간에만 있고, 사용시간에는 없애는 것이다.

[그림 5-4] 시간에 의한 분리: 이착륙 시에는 바퀴가 있고, 날아갈 때는 바퀴가 없다.

4 ▸▸ 요 약

이 장에서 우리는 목표시장인 고객이 제품을 구매하거나 소비하는 시간을 공략하는 것을 통해 창업아이디어를 만들어 낼 수 있음을 알 수 있었다. 또한 시간요소를 분할하여도 신제품과 창업아이디어를 만들 수 있음을 발견하였다.

5 ▸▸ 참고문헌

- 곽영식(2015), 창업자를 위한 비즈니스모델 개발 템플릿, 서울: 피앤씨미디어.
- 스튜어트 매크리디(2002), 시간의 발견, 서울: 휴머니스트.
- 곽영식(2013), 창업자를 위해 미학에서 배우는 신제품개발, 서울: 피앤씨미디어.

제 6 장

고객의 구매장소에서 창업아이템 찾기

목표시장의 고객이 기존 제품을 구매하는 장소에 대한 분석을 통해 창업아이템을 생산할 수 있다. 이 장에서는 아래의 두 가지 창업아이템의 주제가 제공된다.

- 상품의 유통(logistics)구조 속에서 창업기회 분석: 고객은 <어디에서 우리 상품을 구매하는가>와 관련된, channel에 관한 분석
- 고객이 주거위치 속에서 창업기회 분석: 고객은 <어디로부터 와서 우리 상품을 구매하는가>와 관련된, location에 관한 분석

유통이라는 개념을 한자표기인 流通의 의미로 해석하면, 흘러서 통하게 하는 것이다. 즉, 제품이나 서비스가 생산되어 소비되는 일련의 과정이다. 이 과정을 더 짧게 하거나 복잡하게 하거나 원활하게 하거나, 이어주거나 하는 과정 등을 통해 창업자는 새로운 기회를 만들 수 있다.

Location이라는 개념은 어디에 사는 고객이 주로 우리 상품을 구매하는 지를 확인하는 것이다. 이를 통해 우리 매장, 또는 우리 제품의 판매처가 어디에 위치해야 가장 고객을 잘 끌어들일 수 있을까라는 문제를 해결하게 된다.

한 편, 고객이 상품 구매의 필요성을 느끼고 난 후, 어느 유통망을 통해 우리 상품과 만나게 되는 지를 논의하는 것이 channel문제이다. 고객이 상품을 만나는 접점이 유통망이므로 유통망의 설계는 매출액을 결정하게 되는 매출액을 결정하는 중요한 요소이다.

따라서 목표시장을 확인할 때 어디에 사는 고객이 어느 채널을 통해 우리 상품에 도달하는 지를 반드시 검토하면, 창업기회를 찾을 수 있게 된다.

1 ▸▸ 유통구조와 채널

상품이 유통되는 과정에는 많은 조직과 사람이 관여된다. 이 장에서는 아래와 같은 산업별 유통구조와 유통단계별 거래금액의 사례를 통해 얼마나 많은 사람들이 유통구조 속에서 삶을 영위하는 지를 독자들에게 제시한다. 많은 사람들이 자신의 시간과 정성을 들이는 이유는 이 유통과정에서 이익이 창출되기 때문이다. 따라서 상품별 유통구조를 살펴보면 창업아이디어와 아이템을 발견할 수 있다.

이 장에서 다루는 유통구조는 크게 세 가지이다.

- 맥주의 유통
- 쇠고기의 유통
- 비행기 표의 유통

(1) 맥주의 유통구조와 가격흐름

① 맥주의 국내생산에서 소비자까지

맥주 제조사에서 생산된 맥주가 유통되는 과정을 보여주는 것이 [그림 6-1]이다. 업소용 맥주와 가정용 맥주가 유통되는 구조가 다름을 알 수 있다.

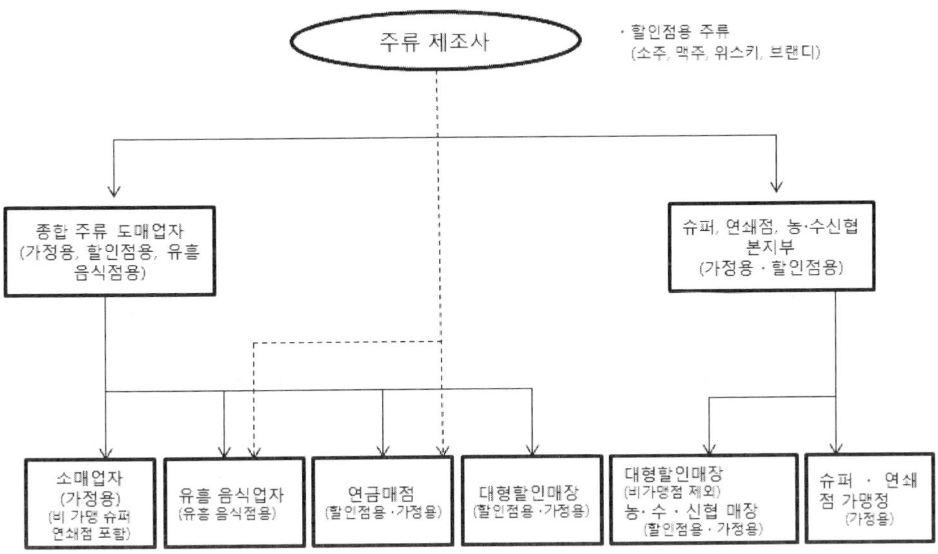

[그림 6-1] 맥주의 국내 유통구조

맥주의 경우, 유통 단계별 마진은 대략 20~30% 정도로 알려져 있다. 국내 A 맥주회사는 전국 세 군데 공장에서 자사의 주정으로 생산하여 전국 29개의 지점으로 배송을 실시한다. 전국 29개 지점에서 주류 도매상, 농협, 축협으로 맥주를 출고시킨다. 주류 도매상은 지점에서 출고가로 맥주를 납품받아 받아 약 20%의 마진을 붙여서 소매유통망으로 출고를 실시한다. 주류도매상은 반드시 주류유통면허를 가지고 있어야 한다.

가정용 맥주를 공급받는 소매상 중 농협 및 축협은 국세청의 1차 취급 허가를 받은 곳으로 면세의 혜택을 누리고 있다. 이 외에 슈퍼 및 대형 할인마트는 자체 마진을 붙여서 소비자에게 경쟁적으로 판매를 하게 된다.

업소용 맥주를 공급받는 유흥업소나 일반음식점은 주류도매상으로부터 받은 맥주의 출고가에 마진률 최고 200% 이상을 남기며 판매를 실시한다. 유흥업소나 음식점은 반드시 유흥/음식점용 맥주라고 표기된 맥주만을 취급하여야 한다.

예를 들어 공장에서 10,000원짜리 맥주를 출고한다고 가정 할 때, 도매와 소매를 거치면 최종적으로 소비자는 슈퍼에서 15,000원 정도, 유흥업소에서 마실 때 3~40,000원 정도에 술을 구매하게 된다.

② 해외에서 생산된 맥주의 국내 유통

외국맥주의 경우에는 주류수입업자가 별도로 존재하면, [그림 6-2]와 같은 유통구조로 소비자에게 맥주가 공급된다.

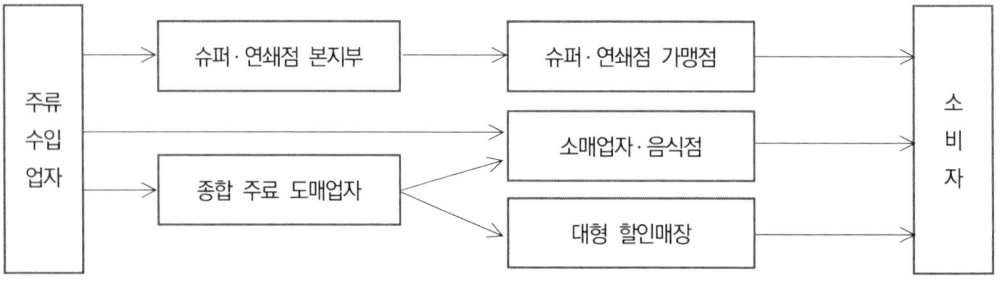

[그림 6-2] 외국맥주의 수입에서 소비자까지의 유통구조

수입업자는 외국생산자로부터 현지출고가로 맥주를 공급받으며, 국내까지의 운임 및 보험료, 세금, 통관과 보관비용을 부담하게 된다.

독자는 컴퓨터의 유통구조 단계에서

1) 마진이 가장 높은 곳은 어느 단계인지 찾아보자.

2) 경쟁자가 없거나 적은 단계가 어디인지를 찾아보자.

3) 독자가 진입할 만한 창업기회를 찾아서 적고, 그 이유를 적어보자.

국내에서 생산된 맥주가 소비자에게 전달되는 유통구조 단계를 조사하여 적어보자.

1) 마진이 가장 높은 곳은 어느 단계인지 찾아보자.

2) 경쟁자가 없거나 적은 단계가 어디인지를 찾아보자.

3) 독자가 진입할 만한 창업기회를 찾아서 적고, 그 이유를 적어보자.

맥주는 생산국가별로 유통구조가 상이하다. 필리핀 산 미구엘(San Miguel)상표의 맥주가 우리나라 소비자에게 전달되는 유통구조 단계를 조사하여 적어보자.

1) 마진이 가장 높은 곳은 어느 단계인지 찾아보자.

2) 경쟁자가 없거나 적은 단계가 어디인지를 찾아보자.

3) 독자가 진입할 만한 창업기회를 찾아서 적고, 그 이유를 적어보자.

맥주는 생산국가별로 유통구조가 상이하다. 하이네켄(Heineken)상표의 맥주가 우리나라 소비자에게 전달되는 유통구조 단계를 조사하여 적어보자.

1) 마진이 가장 높은 곳은 어느 단계인지 찾아보자.

2) 경쟁자가 없거나 적은 단계가 어디인지를 찾아보자.

3) 독자가 진입할 만한 창업기회를 찾아서 적고, 그 이유를 적어보자.

맥주는 생산국가별로 유통구조가 상이하다. 청도純生이라는 맥주가 우리나라 소비자에게 전달되는 유통구조 단계를 조사하여 적어보자.

1) 마진이 가장 높은 곳은 어느 단계인지 찾아보아라.

2) 경쟁자가 없거나 적은 단계가 어디인지를 찾아보아라.

3) 독자가 진입할 만한 창업기회를 찾아서 적고, 그 이유를 적어보자.

여러분은 지금까지 생산국가별, 상표별로 수입과정 및 유통과정을 살펴보았다. 이를 통해 경쟁자가 적고 마진이 높은 해외상표 수입에 대해 관심을 갖게 되기를 바란다.

(2) 쇠고기의 유통구조와 가격흐름

① 국내에서 소의 탄생부터 도축 및 소비자까지의 유통과정

소를 구매하는 조직이나 시장은 [그림 6-3]과 같이 크게 세 가지로 분류된다. 여기서 수집된 살아있는 소는 도축장에서 도축된다. 반드시 법에서 허가를 받은 도축장에서만 도축이 이루어져야 한다. 도축장에서는 소매상과 도매상에 동시에 출고를 실시하게 된다.

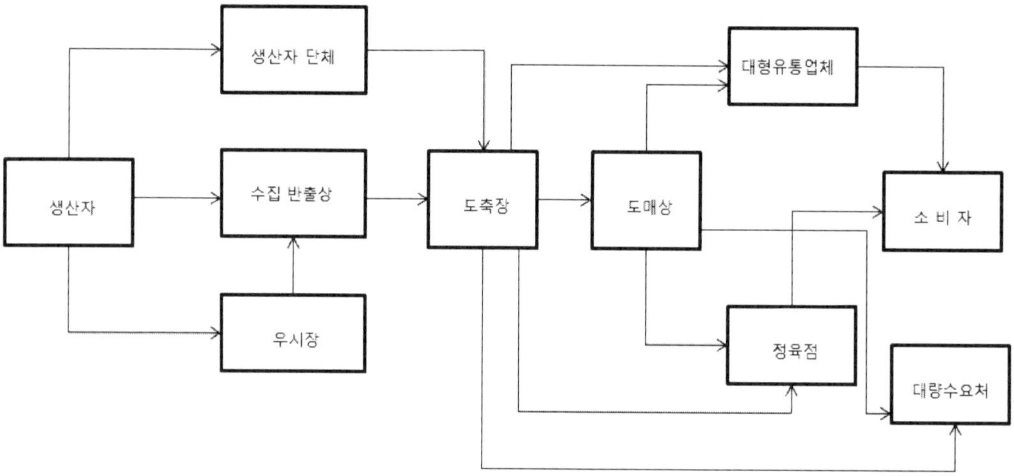

[그림 6-3] 쇠고기 유통과정

2000년대 초중반의 소 가격을 중심으로 쇠고기의 유통경로별 자세한 유통마진은 <표 6-1>과 같다. 한우 수소 2등급을 기준으로 한 가지 사례를 자세히 설명하면 다음과 같다.

소를 키우는 양축가는 약 470만원을 주고 수집상에게 소를 넘긴다. 이 때 5만원 정도를 우시장의 중개상에게 운송비 및 소개료로 지급한다. 수집상은 이를 도축업자에게 맡기고 각종 수수료를 부담하게 된다.

최종 소매상이 판매하는 가격에서 유통단계별로 소요비용 비율은 양돈농가 62.1%, 도매시장단계 4.5%, 중도매인 1.0%, 소매상 32.2%를 차지한다. 전반적으로 소매상의 이윤이 32% 정도를 차지한다는 특징을 눈여겨 볼 필요가 있다. 소와 쇠고기의 유통 마진은 지역 및 유통 경로에 따라 다르며, 유통경로별로 보면 수집 반출단계보다 소매 단계의 마진율이 높다.

조금 오래된 자료이지만 <표 6-2>를 보면 연도별로 유통마진의 변화를 추적할 수 있다.

〈표 6-1〉 쇠고기 유통 마진 명세표

(단위: 원/두, %: 한우 수소 2등급)

구 분		금 액	비 율	산출근거
양축가	농가 수취가격	4,662,500	59.8	생체중 650kg기준
	운송비	30,000	0.4	농가 우시장
	소개료	20,000	0.3	중개인에게 지불
	판매가격	4,712,500	60.5	생체 가격 7,250원/kg
수집 반출상 (냉동업자)	매매 및 도육 대행인 용역비	331,600	4.4	냉동업자 두당용역비 (현물- 우두, 우피 포함)
	매매 수수료	10,000	0.1	우시장 관리업체
	중개 수수료	20,000	0.3	중개인에게 지불, 구매자 부담
	생체 운송비	30,000	0.4	우시장 → 도축장
	자조금	20,000	0.3	
	도축비	111,600	1.4	우두, 우피 제공 시
	도체 운송비	35,000	0.5	도축장 → 서 울
	하차비	20,000	0.3	주차장 → 정육점
	간접비	50,000	0.6	
	이윤	35,000	0.4	
정육점	골발비	50,000	0.6	단순 발골 기준
	간접비	1,000,000	12.8	
	이윤	1,698,568	21.8	
	판매가격	7,792,668	1000.	정육 판매 시 감량 5%적용 정육 :6,630,668원 (270kg*29,450원 *0.95) -1,2 차 부산물 : 1,162,000원

〈표 6-2〉 2002년~2006년의 소 및 쇠고기 유통마진 변화 추이

(단위 : %, 원/두)

구 분		2002	2003	2004	2005	2006
유통마진		22.7	36.8	37.2	37.1	40.2
내용별	직접비	6.1	3.8	6.0	4.6	4.5
	기타운영비	9.1	13.9	17.5	13.0	13.5
	이윤	7.5	19.1	13.7	19.5	22.2
단계별	출하단계	0.4	0.8	5.2	0.7	0.7
	도매단계	–	–	–	4.3	4.3
	소매단계	22.3	36.0	32.0	32.1	35.2
농가수취가		4,105,000	4,415,000	3,920,000	4,825,000	4,662,500
유통마진		1,201,836	2,568,600	2,322.430	2,849,373	3,130,168
소비자가격		5,306,836	6,983,600	6,242,430	7,674,373	7,792,668

② 수입 쇠고기의 수입에서 소비자까지

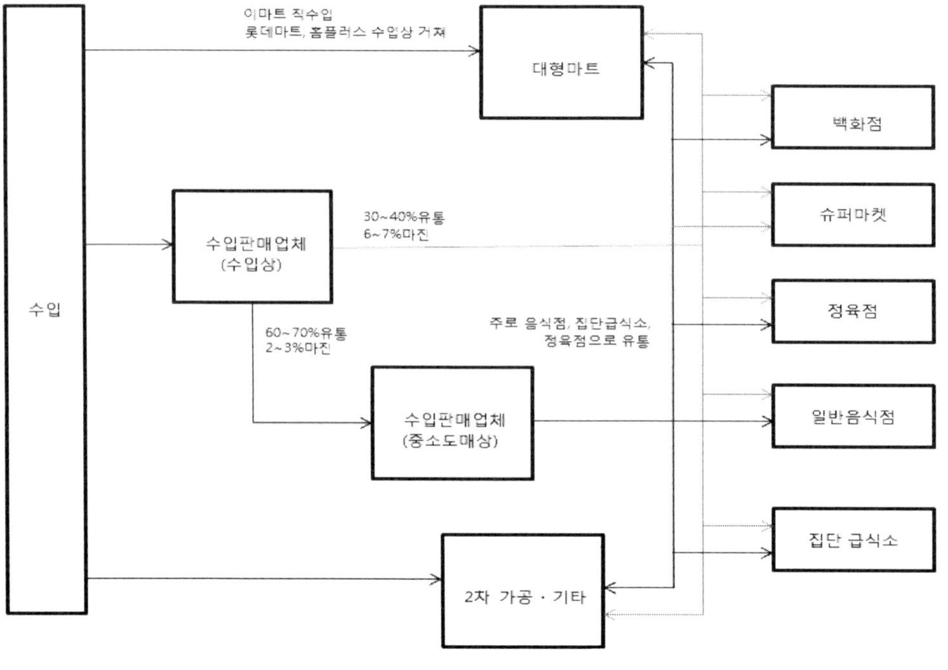

[그림 6-4] 수입 쇠고기의 유통구조

[그림 6-4]는 쇠고기의 수입에서 소비자까지의 유통구조를 보여주고 있고, 일부 마진이 표시되어 있다.

수입쇠고기의 유통구조 단계에서

1) 마진이 가장 높은 곳은 어느 단계인지 찾아보자.

2) 경쟁자가 없거나 적은 단계가 어디인지를 찾아보자.

3) 독자가 진입할 만한 창업기회를 찾아서 적고, 그 이유를 적어보자.

국내에서 생산된 화장품이 중국의 소비자에게 전달되는 유통구조 단계를 조사하여 적어보자.

1) 마진이 가장 높은 곳은 어느 단계인지 찾아보자.

2) 경쟁자가 없거나 적은 단계가 어디인지를 찾아보자.

3) 독자가 진입할 만한 창업기회를 찾아서 적고, 그 이유를 적어보자.

(3) 비행기 표의 유통

[그림 6-5]는 일반적인 항공권의 유통경로를 보여준다. 항공사는 인터넷이나 본사, 자사의 지점, 공항판매대를 통해 직접 소비자에게 비행기표를 판매할 수 있다. 간접적으로 판매대행조직을 통해 판매도 가능하다. 비행기표를 대량구매하여 소비자에게 판매하는 총판대리점이나, 여행사를 통해서도 판매가 이루어진다. 또한 제휴 항공사를 통해 transit 또는 transfer하는 손님을 대상으로 판매를 할 수도 있다.

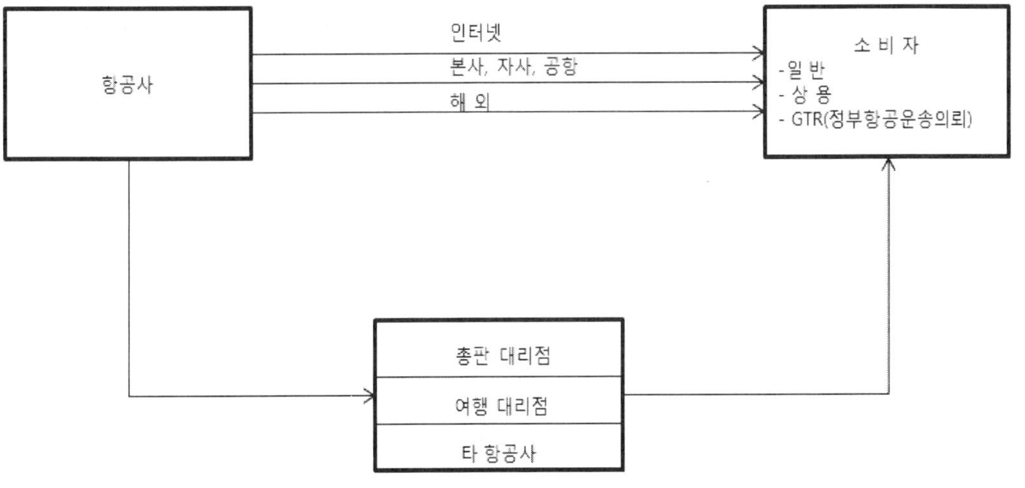

[그림 6-5] 일반적인 항공권의 유통경로

이 중 항공사 직접판매 분량은 국내선의 60%선이고 여행사 등을 통한 간접판매는 40%선인 것으로 2015년에 보도되었다. 국제선은 간접판매 비중이 80%이상이다.

〈표 6-3〉 유통망별 항공권 판매비중

	항공사 직접 판매 (국내외 영업지점, 공항지점, 인터넷 웹사이트, 콜센터)	여행사를 통한 간접판매 (여행사, 대리점등 판매 대행업체)
국내선	60%	40%
국제선	10% 내외	80%

유통경로별 마진은 영업비밀인 경우가 많아서 자료를 찾기 힘든 실정이다. [그림 6-6]에서 보듯이 일부 자료 중 전세기 운영의 경우를 보면, 최저 5%에서 15%까지의 마진이 유통경로에서 발생하는 것으로 나타났다.

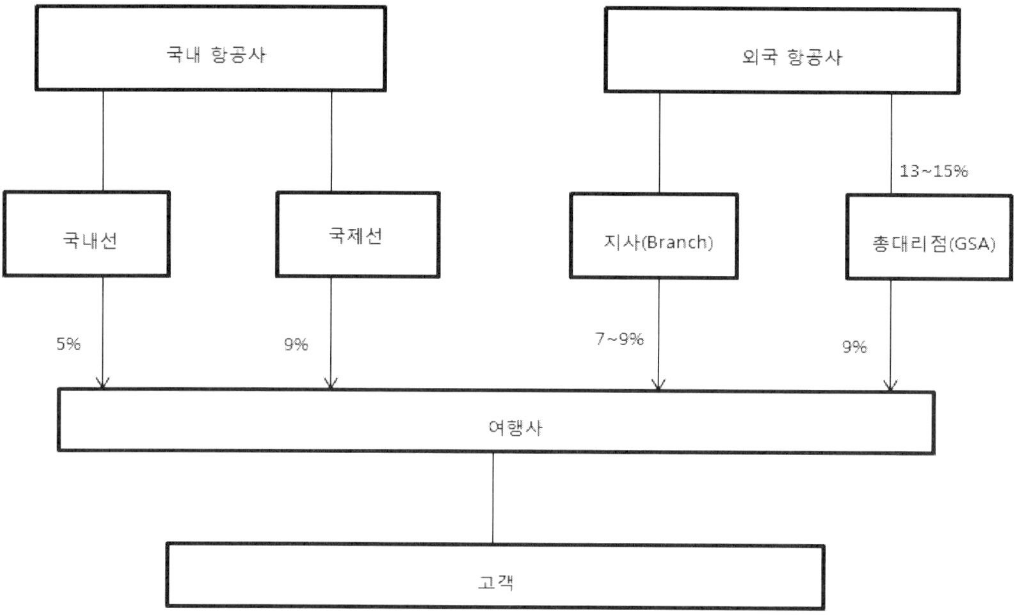

[그림 6-6] 항공권의 유통경로별 마진율 (자료: 장영주 2006)

창업 아이디어와 아이템 9:

- 상품의 유통구조 단계의 각 단계마다
  1) 마진이 가장 높은 곳은 어느 단계인지
  2) 경쟁자가 없거나 적은 단계가 어디인지를 찾아 창업기회를 만들어 낼 수 있다.

2 ▸▸ Location(장소)

판매자와 소비자가 만나는 곳이 Location(위치)이다. Location이란 단지 오프라인의 매장뿐만 아니라 온라인상의 판매사이트까지 포괄하는 말이다. 아래 내용은 주로 offline에서 사업을 시작하는 사람에게 Location의 중요성과 Easy to access의 중요성을 느끼도록 하기 위해 마련되었다.

proximity라는 것은 15분 이내에 우리 상품을 구매할 수 있는 사람의 수를 말한다. catchment란 3km안에 거주하는 사람의 수를 말한다.

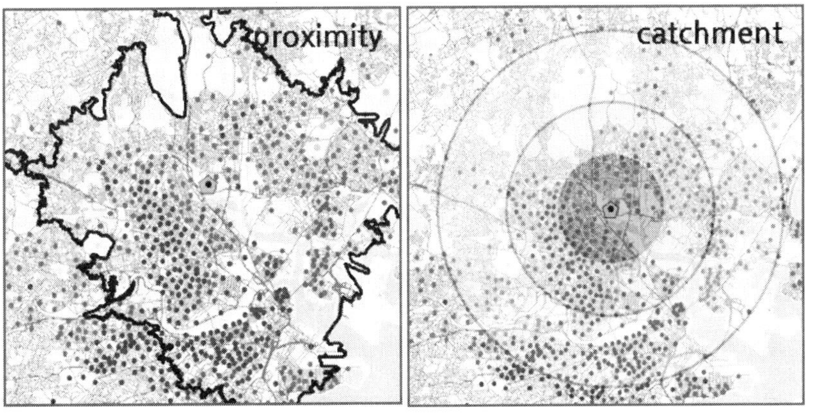

(proximity)란
15분 안에 우리 매장에 도착하여 제품/서비스를 구매할 수 있는 사람의 수를 말한다.

(catchment)란
3km 안에 거주하면서, 우리 제품/서비스를 구매할 수 있는 고객의 수를 말한다.

[그림 6-7] proximity와 catchment 개념을 그림으로 표시한 것

catchment라는 개념은 3단계로 나누어져 있다. 1차상권, 2차상권, 3차상권이다.

- 1차상권: primary trade area. 매장으로부터 1km 거리 안에 위치하는 사람의 수
- 2차상권: secondary trade area. 매장으로부터 2km 거리 안에 위치하는 사람의 수
- 3차상권: tertiary trade area. 매장으로부터 3km 거리 안에 위치하는 사람의 수(3차상권을 주로 catchment라 부름).

catchment가 중요한 이유는 한 눈에 매장에서 구매할 수 있는 사람의 수를 경영자에게 제공하는 개념이기 때문이다. catchment가 크다는 것은 잠재적으로 매장에 접근할 수 있는 사람의 수가 많다는 것을 의미한다. 아래 사례는 중국 북경 싼리툰(sanlitun)의 Sanlitun village 매장과 Indigo라는 쇼핑몰의 1, 2, 3차 상권에 속한 인구 수를 보여주고 있다.

산리툰 주변 단지 및 인구수(3km 내)

산리툰	인구	산리툰	인구
幸福村小区	1058	三源里	6615
联宝公寓	522	团结湖北里	1960
东外公馆	252	东苑公寓	372
胡家园社区	3567	南三条小区	1411
亮马河公寓	2798	左家庄东里	9212
白家庄东里	2450	华普花园	1120
核桃园北里	1911	民安小区	2450
南丽华园	1313	甜水园	1602
新源里	2171	华冠丽景嘉园	1470
博雅园	1999	砖角楼南里	19600
复地国际公寓	926	甜水园东里	6483
京达花园	397	道家园小区	6125

산리툰 지형도

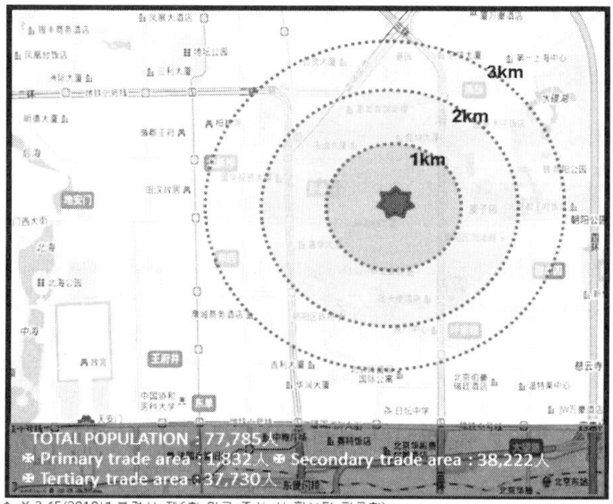

Source: Desk Research & OTC Analysis *인구수 계산법: 단지 세대수 X 2.45(2010년 북경시 제6차 인구 조사 시 확보된 평균치)

[그림 6-8] 산리툰의 1 2 3차상권내 catchment

Indigo 주변 단지 및 인구수(3km 내)

Indigo	인구	Indigo	인구
新华联丽港	240	西八间北里	2760
芳园南里10号	3176	银湖别墅	644
丽都水岸	405	安家楼38号院	288
芳园公寓	584	国风北京	3470
海润国际	416	望花路西里	2880
高家园社区	3070	银枫家园小区	1862
嘉林花园	524	东山墅	120
将府家将府家园	615	光里小区	1040
东风家园	1152	嘉和丽园	810
亮马嘉园	933	大西洋新城	7250
亮马名居	699	鹿港嘉苑	3480
南十里居	3287	US联邦公寓	850
花家地南里	583	远洋公馆	835
佳境天城国际商务公寓	468	望京西园四区	10200
东润枫景	4620	花家地南里	4965
精英家园	1813	城市月光	2052
方丹苑	1065	汇富66公寓	1644
花家地小区	11040		

Indigo 지형도

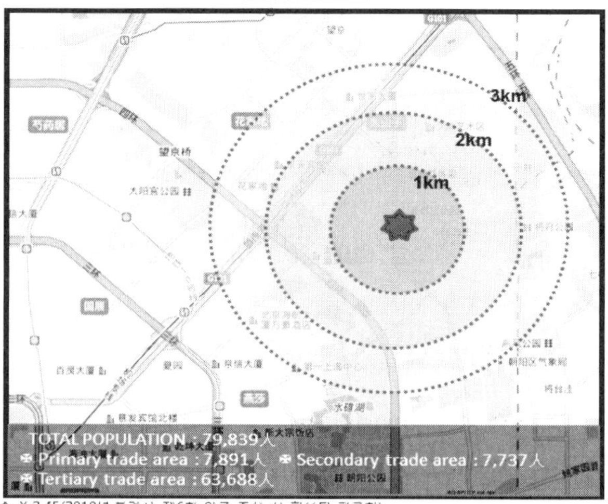

Source: Desk Research & OTC Analysis *인구수 계산법: 단지 세대수 X 2.45(2010년 북경시 제6차 인구 조사 시 확보된 평균치)

[그림 6-9] 인디고 쇼핑몰의 1 2 3차상권내 catchment

독자가 창업에 관심있어 하는 제품을 판매할 매장위치를 하나 선택해보자.

1) 그 매장에서 3km 안에 있는 인구 수를 조사하여 적어보자.

2) 그 매장에서 15분 거리에서 접근 할 수 있는 인구 수를 조사하여 적어보자.

여러분은 지금까지 오마에 겐니치의 전략삼각형 중 시장에 물리적으로 접근 할 수 있는 최소한 인구만을 파악했을 뿐이다. 이제 경쟁자 수를 세어 보자.

독자가 창업에 관심 있어 하는 제품을 판매할 매장위치를 하나 선택해보자.

1) 그 매장에서 3km 안에 있는 경쟁자 수를 조사하여 적어보자.

2) 그 매장으로부터 15분 거리에 위치한 경쟁자를 나열하고 그 경쟁자 수를 적어보자.

서울시는 골목상권에서 창업하는 소규모 창업자를 돕는 사이트를 운영하고 있다(golmok.seoul.go.kr). 이 사이트에 들어가면, 행정동별 골목상권에 업종별로 몇 개의 경쟁자가 있고, 몇 명의 인구가 있고, 그래서 이 골목상권에는 매장을 내는 것이 좋을지에 대한 정보를 그림으로 표시하여 제공한다.

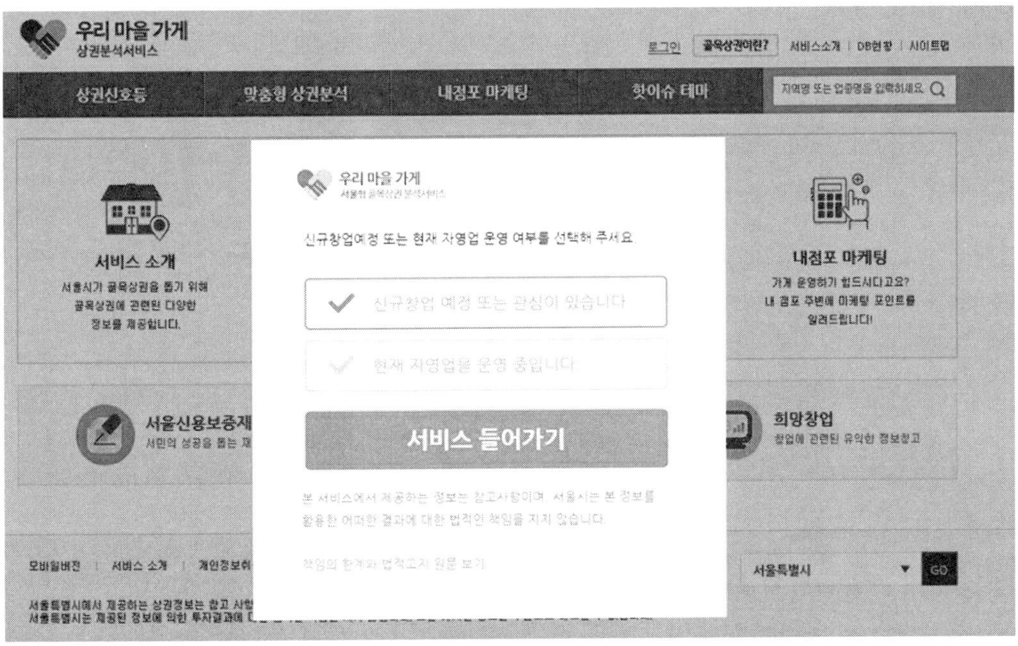

[그림 6-10] 서울시 골목상권 창업지원 서비스

독자가 창업에 관심 있어 하는 제품을 하나 선택해보자.

1) golmok.seoul.go.kr에 들어가서, 독자가 창업할 업종이 들어갈 만한 골목상권을 찾아보자.

2) 그 골목상권의 인구 수와 경쟁자 수 및 도로상황을 적어보자.

3 ▸▸ 참고문헌

- 곽영식(2015), 창업자를 위한 비즈니스모델 개발 템플릿, 서울: 피앤씨미디어.
- 강혜숙(2006), 항공권 유통 경로에 대한 신뢰와 위험 지각이 항공권 선택 성향에 미치는 영향, 세종대학교 박사학위논문.
- 서용구·이정희(2007), 100일 만에 배우는 유통관리, 서울: 서울경제경영.
- 장영주(2006). 전세기 운항이 여행업의 수익 구조와 유통 구조에 미치는 영향.
- 한욱상·이두희·곽영식(2016), 경영학원론, 서울: 피앤씨미디어.
- 디지털타임스, 2015년 10월 01일자.

4 ▸▸ 별첨: 유통에서 중개자의 역할

유통과정의 대부분을 차지하는 것은 중개자이다. 생산자와 소비자 사이의 유통과정상 거래는 이들에 의해 이루어지기 때문이다. 유통 과정에 있어 중개자의 역할은 탐색의 편리화, 제품 불일치의 조정, 유통의 규칙화, 중간 과정의 감소 등이다.

(1) 탐색의 편리화

중개자들은 공급자와 수요자 모두에게 탐색의 편리함을 제공한다. 중개자가 없다면 수요자와 공급자가 직접 만나 거래를 해야 하는 불편함이 있으나 중개자가 있으므로 해서 편리하게 물건을 구매할 수 있고 심지어 외국에서도 구매를 할 수 있다.

(2) 제품 불일치의 조정

제품 불일치의 조정이란 제품에 대한 공급자와 수요자의 의견 불일치를 조정하는 것이다. 공급자는 최대한 적은 품목을 많이 생산하고 싶어 하는 반면, 수요자는 최대한 많은 품목을 적게 사고 싶어 하는데 이러한 불일치, 간극을 조정하는 것이 바로 중개자의 역할 중 하나이다. 뿐만 아니라 시간적, 공간적인 불일치도 조정하며 이런 작업을 위해서 중개자는 분류, 축척, 할당의 일을 한다.

- 구분: 여러 종류로 나누어진 상품들을 동종의 상품들로 구분하는 것
- 축적: 작은 품목들의 상품들을 더 큰 동종의 품목들로 나누어 모아 두는 것

- 할당: 동종의 상품들을 작은 품목들로 나누어 놓는 것
- 구색 갖추기: 전매(resale)를 위해 제품의 구색을 맞추는 것

(3) 유통의 규칙화

중개자는 유통에 규칙을 만들어 거래를 편리하게 한다. 거래는 대상, 그 대상의 가치, 그리고 가격에 대해 포함하고 있어야 한다. 또한 공급자와 수요자 모두 양, 방식 그리고 언제 지불할 것인가에 대한 동의가 있어야 한다. 유통이 규칙적으로 정해지면, 재화와 서비스의 비교와 평가가 쉬워지기 때문에 제품의 표준화와 더 좋은 제품에게 경쟁력을 줄 수 있다.

(4) 중간 과정의 감소

중개자가 없다면 거래가 늘어나게 된다. 10명의 사람이 거래를 할 경우 중개자가 없다면 $(10\times9)/2=45$이기 때문에, 45가지의 거래의 경우의 수가 나오나 중개자가 있으므로 해서 10명이 각 중개자에게 파는 경우, 사는 경우로 2가지씩 경우의 수를 지니기 때문에 $10\times2=20$, 즉 20가자의 경우의 수를 지니게 된다. 거래자가 늘어날수록, 중간 과정이 감소하게 되는 것이다.

5 ▶▶ 공간 시장세분화

공간을 세분화하여 판매하면, 판매자에게 이익이 된다. 이 장에서 유통경로의 사례로 들은 비행기표의 경우에도 비행기좌석을 세분화하여 많은 이익을 창출하고 있다.

〈표 6-2〉 비행기 표의 표준등급

구 분	코드	설 명	특이사항
일등석	R	First Class Suites	현재 A380에서만 쓰임.
	F	Full－Fare First Class	
	P	First Class	할인 티켓으로 환불과 사전 예약 등 제약이 있음.
	A	First Class Discounted	
비즈니스	C	Full－fare Business Class	
	J	Full－fare Business Class	
	D	Business Class Discounted	할인 티켓으로 일등석 업그레이드 등이 제한 됨.
	I	Business Class Discounted	
	Z	Business Class Discounted	
이코노미	Y	Full Fare	
	B	Full Fare	
	M	Standard Fare	할인 티켓으로 여행기간, 사전 예약 환불 등 제약이 있음.
	H	Standard Fare	
	N	Standard Fare	
	G	Special or discount Fare	
	K	Special or discount Fare	
	L	Special or discount Fare	
	O	Special or discount Fare	할인 티켓으로 마일리지로 좌석 업그레이드, 환불 불가, 예약 취소 등이 불가함.
	Q	Special or discount Fare	
	T	Discounted or Premium	
	U	Special or discount Fare	
	V	Special or discount Fare	
	S	Special or discount Fare	일부 항공사는 Super Comfort코드로 사용.
	W	Discounted or Premium or Award	
	X	Award	마일리지로 구매한 티켓.

<자료 : aedi.tistory.com/76>

*국제 표준 등급이긴 하나 항공사 마다 조금씩 다르기도 함.

이코노미 좌석을 보면 16개 등급분류가 있고, 모두 가격과 조건이 다를 수 있다. 따라서 특정좌석을 싸게 사서 마진을 적게 받고 판매하는 영세 창업자가 많이 생겨날 수 있는 기회도 보인다.

제 7 장 구매금액에서 찾는 창업아이디어

우리는 고객들이 기존에 구매하는 장바구니를 분석하여 최근에 고객들이 무엇을 얼마나 구매했는지를 알 수 있는데, 이런 작업을 흔히 바스켓 분석(basket analysis)이라고 부른다. 이러한 현재 상황의 장바구니분석과 장기적 미래전망을 합쳐서 살펴보면 앞으로 미래 고객들이 어떤 제품을 얼마나 구매할지를 알 수 있다. 창업자들은 이런 과정을 통해 미래 창업아이템을 선택할 수 있다.

이 장에서는 소비수준별 인구구조의 변화, 가구별 소비구조변화, 빅데이터를 통한 관심도 분석을 사례로 보여주고, 창업자에게 시장기회를 찾아보는 연습기회를 제공한다.

이런 세 가지 관점에서 장바구니 분석을 하면, 인구구조의 변화와 함께 관심 및 구매제품의 변화를 추적할 수 있게 된다.

1 소비수준별 인구구조

- 경남에서는 지리산 근처에 전원주택을 갖는 것이 지난 10여 년 간 유행이었다. 하지만, 전원주택에 살던 베이비붐 세대들이 고령이 되어 가면서, 다시 병원이 있는 도시로 돌아가기 시작했다. 전원주택 수요가 줄자 기존 전원주택지의 땅값이 폭락하기 시작하였다.
- 1986년도에 대학교 입학시험을 치른 인구수는 약 75만 명 수준이었다. 2015년도에 대학수학능력시험을 치를 사람의 수는 53만 명이었다. 단 30년 만에 20여만 명의 인구가 줄어들었다. 이들이 졸업할 때 구매하는 정장 옷의 수요도 1/3이 줄어들 것이다.
- '인구절벽'이라는 책은 2015년도 베스트셀러 중의 하나이다.
- 시리아 난민을 받아들이는 독일의 '메르켈' 총리는 이들이 미래 경제동력이 될 것이라고 주장했다.

> ▸ 중국은 1가구 1자녀 정책을 포기하고 있다. 왜냐하면 고령화되고 소득을 창출하지 못하는 인구는 증가하는 반면에, 새로운 생산과 소비를 해야 하는 미래세대가 적어지고 있기 때문이다. 상대적으로 베트남은 전체 국민의 연령평균이 30세 근처의 젊은 나라이기 때문에 미래 경제성장률이 중국보다 훨씬 높다.

위의 사례에서 보듯이 인구구조는 창업자의 미래창업 아이템에서 반드시 점검해야 할 사항이다. 우리나라를 비롯한 각국의 인구구조는 생산 및 소비를 하는 인구와 소비를 줄이는 인구가 급격히 변하기 때문이다.

따라서 창업자는 국가별 인구구조 및 인구별 소비구조를 분석해 볼 필요가 있다.

아래 자료는 중국 소비수준별 인구구조의 2000년, 2010년 실적과 2020년 예측을 보여주고 있다. 소비수준을 소비금액 기준으로 네 집단으로 나누고, 각 소득계층별로 인구수와 그들이 구매하는 제품을 분석하고 예측한 것이다.

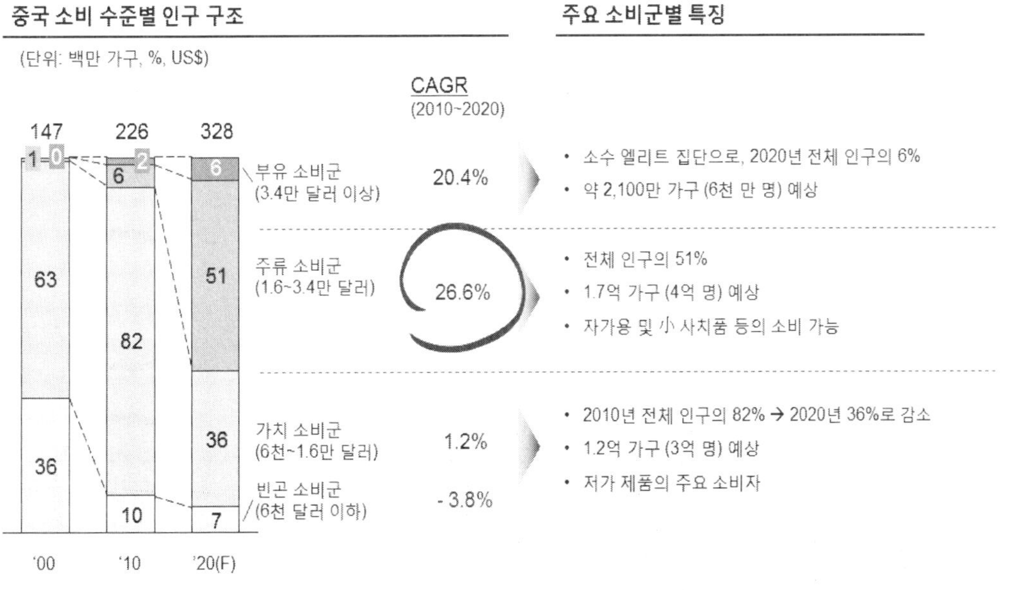

[그림 7-1] 중국 소비수준별 인구구조 예측자료(가상적인 사례)

우리는 위의 그림에서 주류소비군이라고 불리우는 집단의 연평균 소비성장률이 26.6%이고, 인구도 전체 인구의 51%에 달하는 매력적인 시장임을 알 수 있다. 창업자는 위의 네 시장 중 주류소비군이라는 집단을 공략하는 것이 가장 매력적인 수요가 있는 곳을 공략하고 있는 것임을 알 수 있다.

2 ▸▸ 가구별 소비구조변화

[그림 7-2]는 중국 가구당 연간 소비하는 물품을 분석한 가상적인 자료이다. 반생필품과 비생필품의 소비가 급격히 증가하고 있음을 알 수 있다. 따라서 기초생활에 필요한 물품보다는 라이프스타일을 풍부하게 하는 제품카테고리에 대한 소비가 급격히 증가할 것을 예측할 수 있게 되었다. 만약 중국에서 창업을 할 경우 이런 시장을 공략하는 것이 좋다는 것을 보여준다.

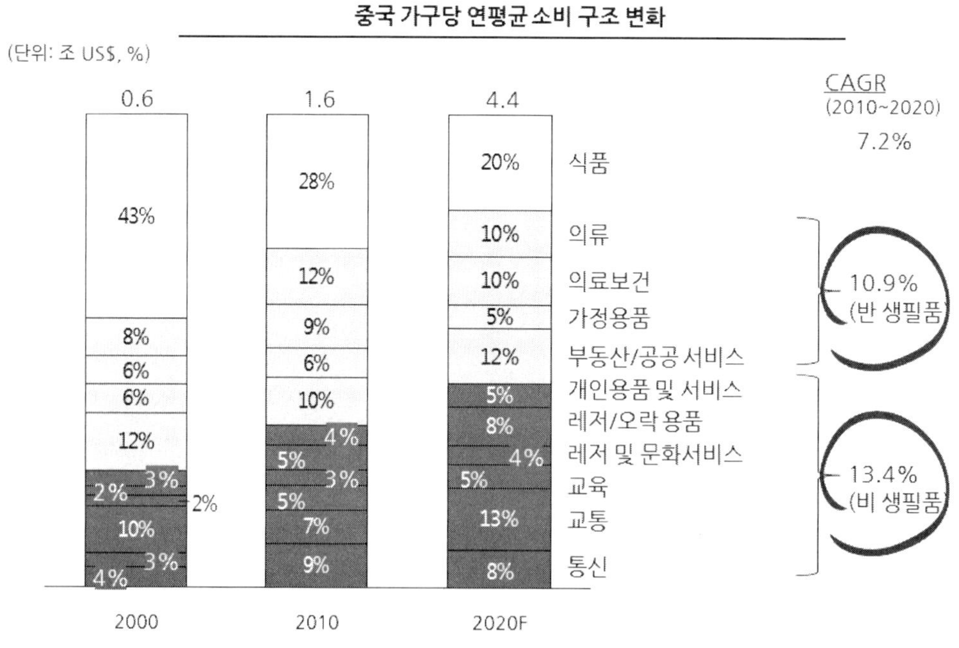

[그림 7-2] 중국 가구당 연평균소비구조변화의 가상적인 사례

3 ▸▸ 빅데이터를 통한 관심추적

흔히 대기업에서는 새로운 시장에 진입하기 전에 거시트렌드와 미시트렌드 등을 조사한다. 국가는 이들 기업을 간접적으로 돕기 위해 매년 트렌드 분석자료를 작성하여 배포하고 있다.

[그림 7-3] 산업통상자원부와 한국디자인진흥원이 배포한 2015트렌드 분석자료 표지

창업자들은 이런 2차 자료를 인터넷에서 쉽게 접근하여 획득할 수 있다. 이 자료 안에는 [그림 7-4]와 같은 거시적인 트렌드를 포함하고 있을 뿐만 아니라 [그림 7-5]와 같은 빅데이터분석에 의해 일반인들이 관심 있게 검색한 단어들도 찾아 제공하고 있다.

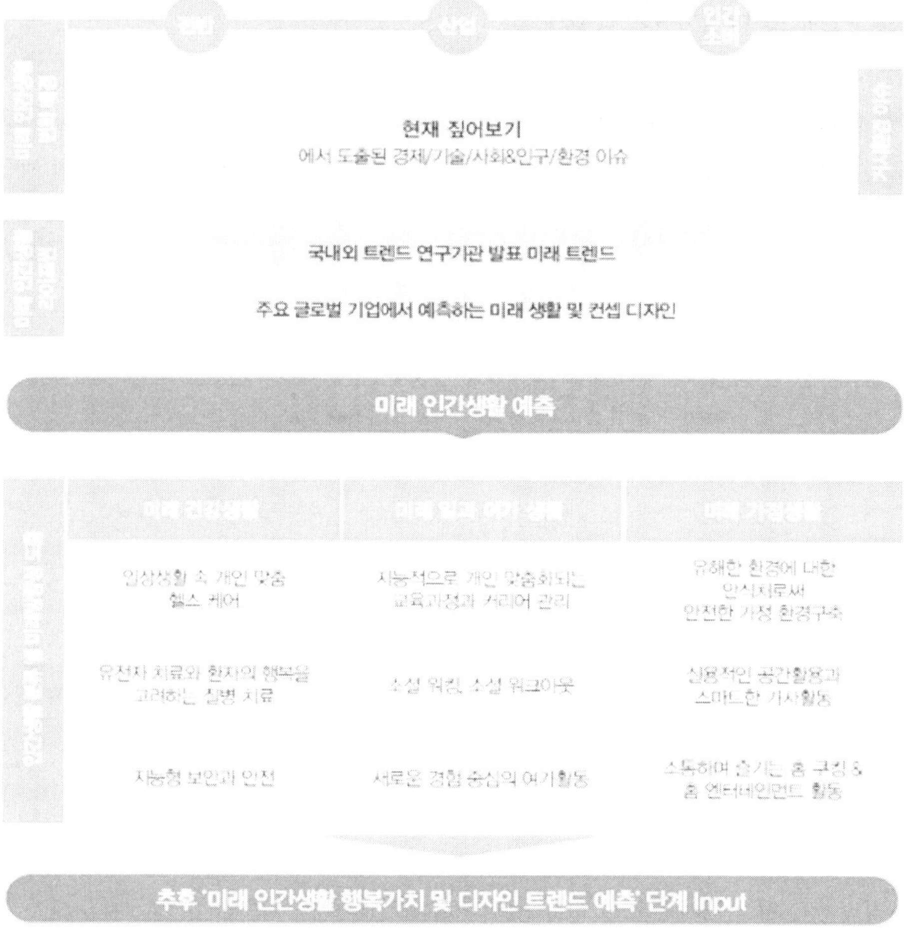

[그림 7-4] 2015년 산업자원부가 미래 트렌드로 제시한 9가지

[그림 7－5]를 보면 2011년에서 2013년까지 SNS에서 일반인들이 건강과 관련하여 사용한 단어의 빈도표를 보여주고 있다. 음식, 식품, 몸과 같이 지속적으로 SNS에서 사용된 단어도 있고, '가족'과 같이 새롭게 떠오르는 단어를 찾아 볼 수도 있다.

창업자들은 빅데이터 분석을 제공하는 서비스기업을 이용하여 자신이 관심 있어 하는 창업아이템의 산업에 대해 일반인이 가장 많이 사용한 단어를 찾아낼 수 있다. 만약 그 단어에 해당하는 제품판매 경쟁자가 적을 경우, 창업기회를 잡을 수도 있다.

건강관련 2011-2013 연관어 소셜 빅데이터 분석

	2011년 전반	2011년 후반	2012년 전반	2012년 후반	2013년 전반	2013년 후반
1	음식, 식품	음식, 식품	음식, 식품	음식, 식품	음식, 식품	음식, 식품
2	몸	몸	몸	몸	몸	몸
3	생활	생활	효과	효과	효과	좋다
4	효과	효과	운동	도움	도움	효과
5	도움	상태	도움	상태	생활	기능
6	운동	도움	생활	생활	상태	운동
7	상태	운동	상태	운동	운동	상태
8	물	물	물	아이	좋다	도움
9	기능	치료	가족	물	아이	관리
10	치료	가족	비타민	스크랩	맛	정신
11	방법	기능	기능	맛	피부	물
12	가족	방법	챙기다	피부	가족	맛
13	맛	피부	좋다	가족	물	챙기다
14	아이	관리	아이	날씨	기능	비타민
15	피부	예방	맛	좋다	치료	가족

[그림 7-5] 산업자원부가 제공한 건강관련 2011~2013 연관어 표

독자의 창업아이디어 제품을 적어보자.

그 제품 카테고리에 대해 최근 일반인들이 사용하는 단어를 나열해보자.

그 사용하는 단어 중 가장 많이 사용하는 단어를 적어보자.

귀하의 제품이 그 '가장 많이 사용하는 단어'와 연관성이 있는지 검토해 보자.

창업 아이디어와 창업아이템 10:

- 거시트렌드 분석, 우리 제품카테고리에 대한 미시트렌드 분석, 관심 단어에 대한 빅데이터 분석을 실시하면, 창업기회를 찾을 수 있다.

4 ▸▸ 참고문헌

- 한국디자인진흥원, 산업통상자원부(2015), 2015트렌드.

제 8 장

역사 속에서 고객이 느끼는 가치 찾기

모든 사업에서 가장 중요한 것이 제품/서비스(상품)가 고객에게 주는 <가치>이다. 상품에 가치가 있다고 느껴야 사람들이 돈을 지불하고 상품을 구매하기 때문이다. 고객이 상품에 대해 느끼는 가치가 없으면 판매가 이루어지지 않는다. 가치가 있다고 하더라도 가치에 비해 가격이 비싸다고 생각하면, 그 상품을 구매하려고 하지 않을 것이기 때문이다. 그러므로, 모든 비즈니스모델의 핵심은 상품이 가진 가치가 무엇인지를 뚜렷하게 만들어야 한다.

따라서 창업자는 우리 상품이 갖는 가치를 찾아내야 한다. 이것이 차별화이다. 그 가치를 찾는 방법으로서, 이 장에서는 제품카테고리의 가치변화 역사 속에서 새로운 가치를 찾아가는 연습을 해 본다.

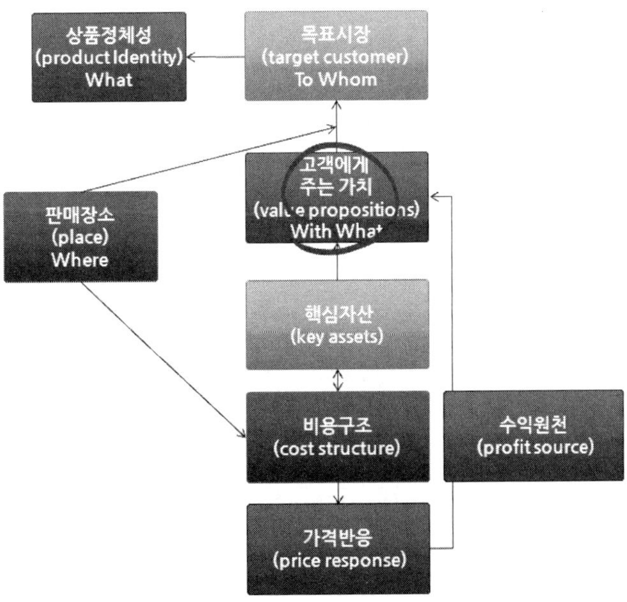

[그림 8-1] 비즈니스 모델에서 상품가치의 위치

이를 위해 우리에게 친숙한 껌의 가치변화 역사를 다루고, 이후에 독자들이 자신이 창업하고자 하는 상품에 대한 가치변화를 추적할 수 있는 장표를 제공한다.

우리나라 껌 역사 속에서 나타난 상품가치의 변화를 그림으로 요약하면 [그림 8-2]와 같다.

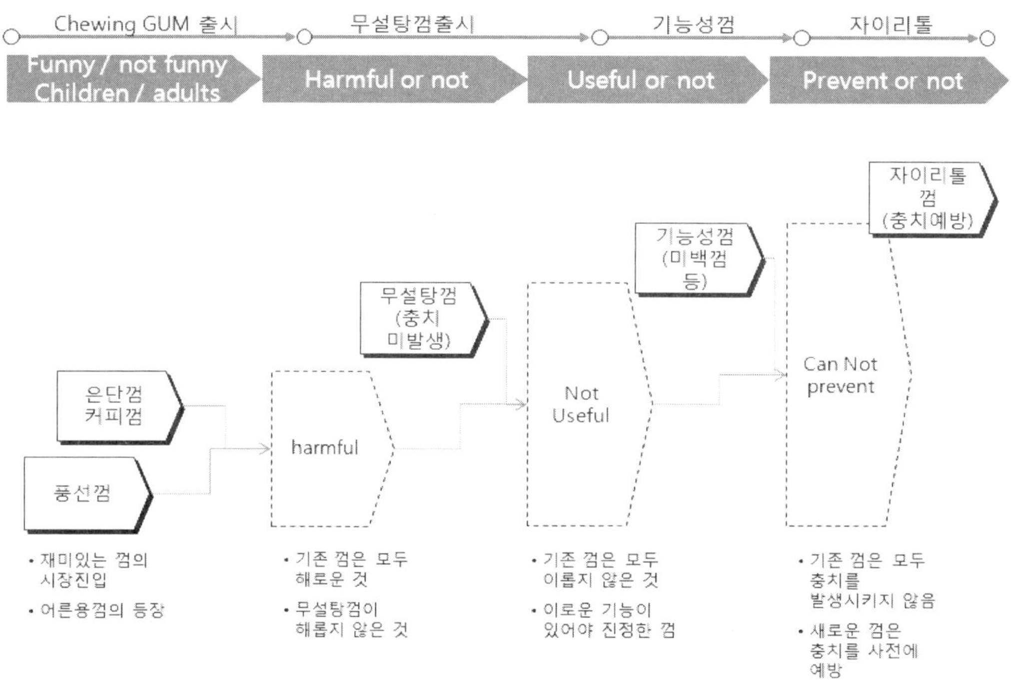

[그림 8-2] 껌 가치의 변화

1 ▸▸ 껌의 도입: 입냄새 제거와 재미있는 껌

우리나라에서 처음 국산 껌을 생산한 곳이 해태제과라고 알려져 있다. 그 이전에는 미군이 주둔하는 중에 미군이 씹던 미국산 껌(Wrigley)이 유통되고 있었다. 국산 최초의 제품은 1956년에 국내 기술로 출시된 해태 '풍선껌'과 '설탕 껌', '또 뽑기껌'이다. 이 껌들은 미국산 껌(Wrigley)의 카테고리인 어른용 껌이 아니라 어린이 껌이다.

이와 같은 상황을 제2장에서 배운 아벨의 '업의 개념' 틀에 넣어보자. 이런 해태의 전략을 '업의 개념'에서 보면 X축의 연령측면에서 기존 Wrigley가 미처 공략하지 않고 있었던 어린이 시장으로. 연령축에서 하향공략 했음을 알 수 있다. 미군이 씹던 껌을 경험했던 한국인은 당연히 어른들이었고, 어른들이 미국 PX에서 나오는 껌을 씹었던 것이다. 따라서 해태의 풍선껌은 어린이층을 새롭게 공략한 신제품이었다.

Y축 측면에서는 기존에 입 안을 시원하게 하는 욕구를 해소해 주었다는 혜택 이외에, 어린이를 대상으로 재미(fun)이라는 새로운 가치를 제공했다.

하지만 Z축 측면에서는 Wrigley와 동일한 형태인 stick형의 껌 모양은 유지되고 있다. 판껌이라 불리우는, 얇고 길쭉한 껌을 몇 개로 묶어서 비닐포장한 형태인 것이다. 2010년대인 지금도 이런 형태의 풍선껌은 생산되고 있다.

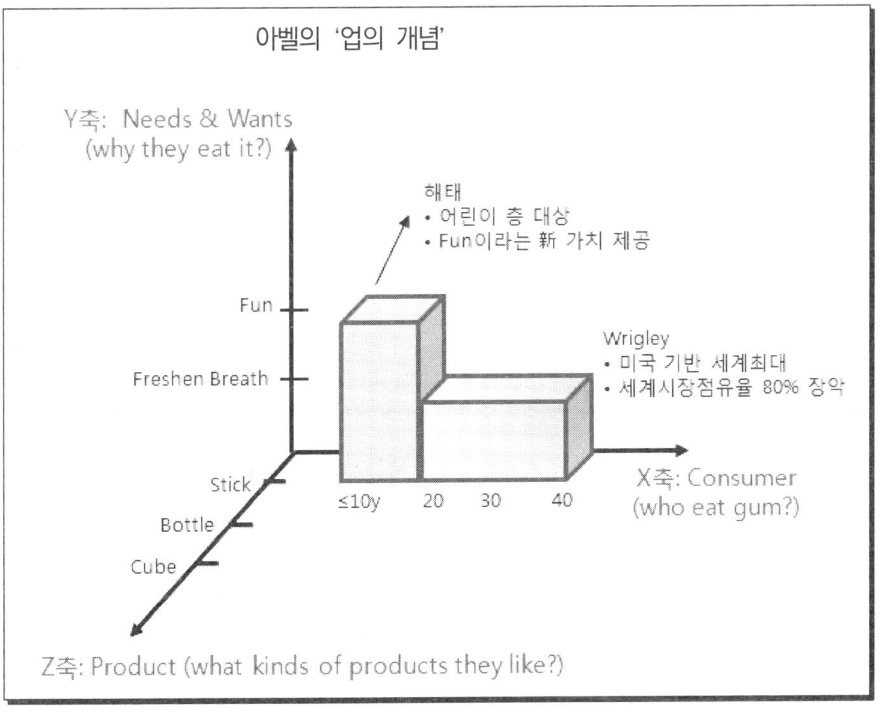

[그림 8-3] 1956년 해태제과의 껌 시장 진입

[그림 8-4] 스틱형태의 껌

2 ▸▸ 1960년대 다양한 욕구를 충족시키는 어른용 껌 출시

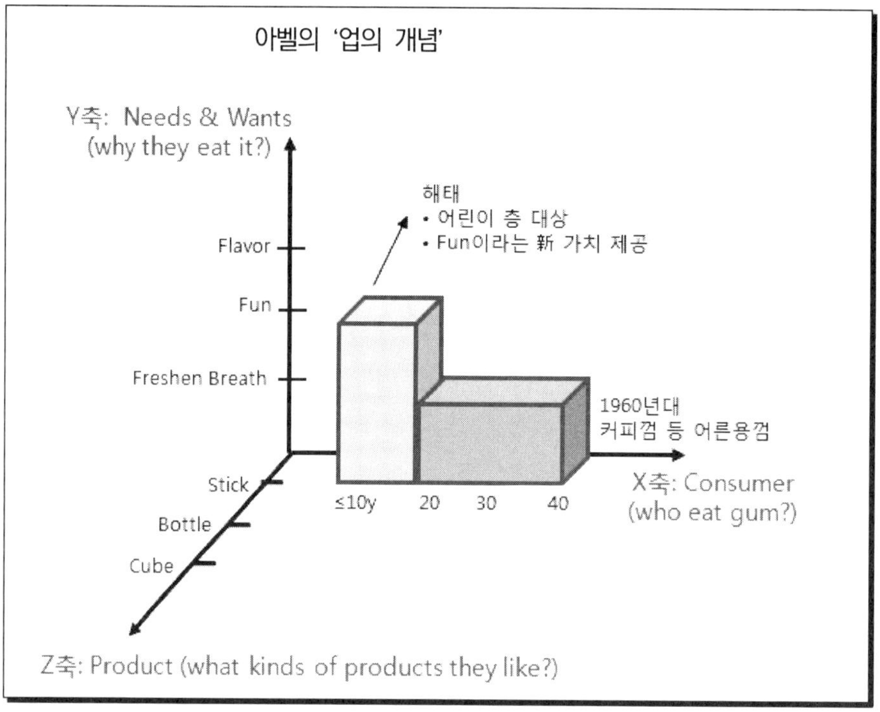

[그림 8-5] 롯데제과 설립이후 해태제과와 롯데제과가 진입하여 경쟁하는 시장

이 시기에 해태제과는 '커피 껌(coffee gum)', '시가 껌(cigar gum)', '골드 껌(gold gum)'과 함께, 미국 담배의 유행에 편승한 '셀렘민트' 껌을 출시했다. 이것은 해태제과입장에서는 어린이용 껌에서 어른용 껌으로 연령대별로 시장을 확대한 것이다. 해태라는 기업입장에서는 목표시장을 연령적으로 확대했다는 시장확대전략의 구사를 시작한 것이다.

1967년에는 롯데제과가 설립되면서 껌을 생산하기 시작하였는데, 어른용 껌으로는 '쿨민트 껌(cool mint gum)'과 '바브 민트 껌', '후레시 주스껌', '민트 껌' 등이고, 어린이용 껌으로는 '슈퍼맨 풍선껌' 등이 있다.

해태제과입장에서는 미국껌들이 장악하고 있던 어른용 껌 시장으로 진입하여 경쟁을 시작한 것이고, 후발주자인 롯데제과는 어린이용 껌과 어른용 껌 시장에 동시에 진입한 것을 알 수 있다. 또한 새롭게 어른용 껌에 진입하면서 다양한 맛이라는 가치를 제공하고 있다는 특징이 보인다.

3 ▸▸ 롯데껌 삼총사는 껌 flavor를 알게 하다

1972년에 롯데가 출시한 세 종류의 '쥬시후레쉬', '스피아민트', '후레쉬민트'는 껌 시장에 일대 히트 상품이 되었다. 지금까지도 최장수 껌이라고 롯데제과가 자랑하는 이 껌은 다양한 색과 다양한 혜택을 자랑한다. 껌의 역사를 시작했다고 여겨지는 멕시코산 치클을 사용하여 부드러운 촉감을 어필하고 있다. 여기에 포장디자인의 초록색은 입속의 상쾌함을 강조하고, 노란색은 풍부한 과일향, 하얀색은 은은한 박하향을 강조한다.

이 제품의 특징 중의 하나는 광고와 함께 선 보인 로고송에 있다. 이 광고와 로고송은 관여도가 높지 않은 제품인 껌에 대해 반복노출에 의한 친숙효과를 청각·시각적으로 연계시키는 성과를 얻었다. 이들 제품의 광고 시 사용되었던 CM송을 기억하는 사람이 아직도 많을 것이다.

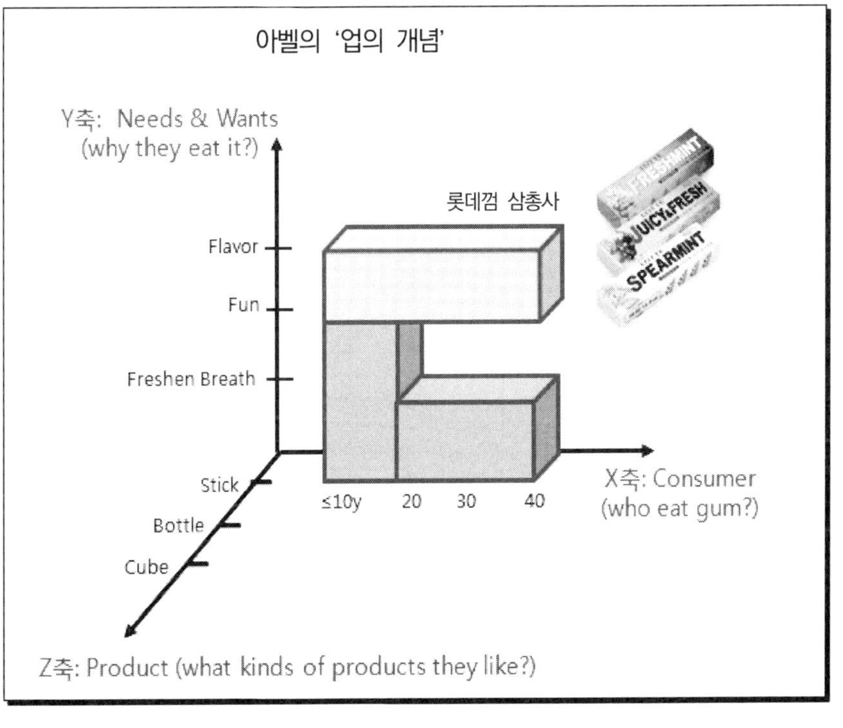

[그림 8-6] 롯데껌 삼총사의 새로운 포지셔닝

이 삼총사는 기존제품들보다 크기와 부피를 늘리고 향을 보강하여, 껌 시장의 혁명이라 평가받는 국내 껌 문화의 초석을 이루게 되었다는 평가를 받았다. 특히 롯데제과는 이 삼총사가 남녀노소에게 모두 사랑받았다고 자랑하고 있다.

Abell의 업의 개념 측면에서 보면 연령측면에서 X축의 거의 모든 부분을 포괄하고 있다는 것을 알 수 있다. 한 제품으로 전체시장을 공략하는 비차별화마케팅 사례의 대표라고 볼 수 있다. Y축에서는 진정한 의미의 flavor의 가치를 시장에 보여주었다고 평가할 수 있다. Z축에서 형태는 아직 스틱형을 유지하고 있다.

4 ▸▸ 색(color)이라는 가치

1970년대에 드디어 껌이 색을 보여주기 시작했다. 1974년에는 저가품으로 개발되었던 '은단껌'이 있었고, 1976년에 개발된 '아카시아 껌'은 기존 황색, 녹색에서 과감히 탈피한 검정색을 사용하여 껌에 주어진 고정적 컬러 이미지를 과감히 탈피하여 30대 이전의 젊은 층을 타깃으로 껌 시장에 파란을 일으켰던 히트작이었다.

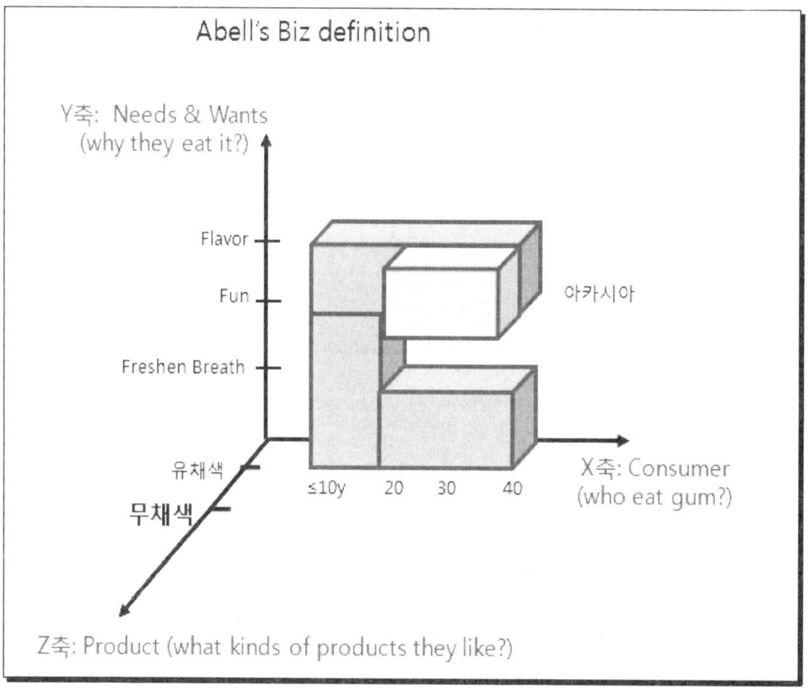

[그림 8-7] 색상 차별화를 시도한 아카시아껌

Abell의 업의 개념에서 Z축을 보자. 스틱형의 제품이 계속 시장에서 경쟁하고 있으므로 형태는 변화가 없는 것이다. 그래서 Z축을 '색상'으로 수정해 보았다. 1976년 아카시아껌은 유채색에서 벗어나 무채색의 흑색을 사용하여 드디어 색상에 큰 변화를 주었다.

모두 유채색으로 울긋불긋하여 시각적으로 혼란한 상태에서 무채색이 존재하면 눈에 띄기 마련이다. 껌에서 색상차별화가 1970년대에 시작되었음을 보여주는 것이다.

5 ▸▸ 여성을 공략하는 껌

1980년대 초반에 생산되기 시작했던 롯데의 '에뜨랑제', '쟈밍', '아뜨리에', '이브 껌'은 제품명에서 풍기는 이미지답게 감수성이 예민한 젊은 여성층에 사랑을 받으면서 대형 껌 세트에 이은 '후로랄 세트'로 자리를 굳히게 되었다. 껌의 향이 제품선택기준 이자 가치창조의 기반이 되었다.

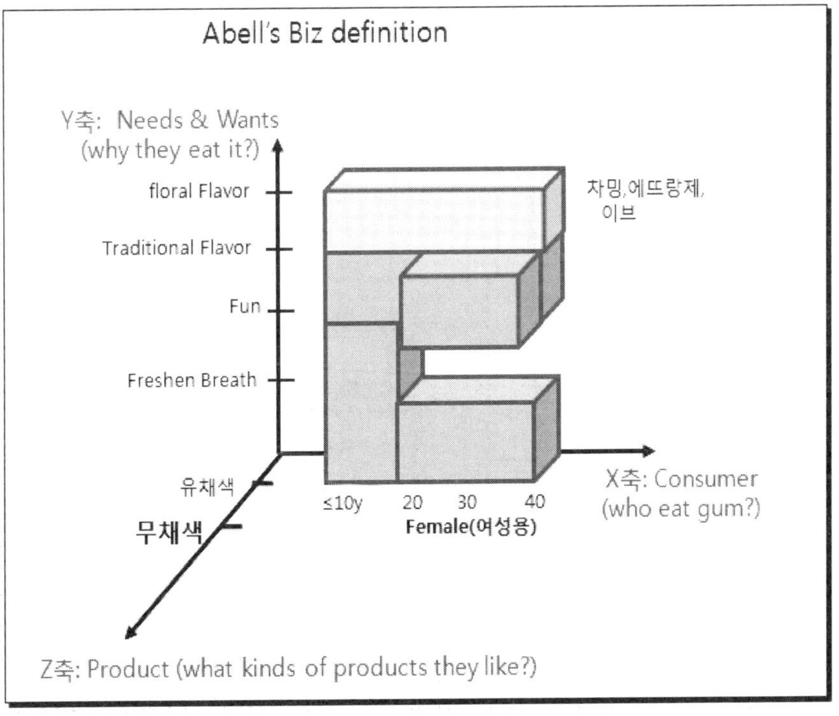

[그림 8-8] 목표시장의 차별화 포인트로 floral이라는 향의 도입

이 제품의 특징은 X축의 고객측면에서 여성고객에게 소구를 했다는 점이다. 이런 현상은 기존 어른용껌이 남성위주 또는 남녀 공용껌의 포지셔닝에서 여성용으로 목표시장을 확실하게 좁히는 결과를 낳았다. Y축의 욕구측면에서는 floral이라는 꽃향기를 껌에 도입하여 입에서 느끼는 flavor를 더 다양하게 했으며, 이 껌들로 인해서 floral이라는 껌 카테고리가 만들어지는 기회를 갖게 되었다.

6 ▸▸ '건강'의 가치

1994년과 1995년은 무설탕이 설탕을 이긴 해였다. 껌은 기본적으로 입에 들어가서 세균증식을 돕기 때문에 설탕이 들어간 껌은 충치를 유발할 가능성이 높다. 이에 반대개념으로 '무설탕껌'이 등장한 것이다. 더불어 솔비톨이라는 제품성분으로 '충치예방'을 강조하여 새로운 가치를 시장에 제공했다.

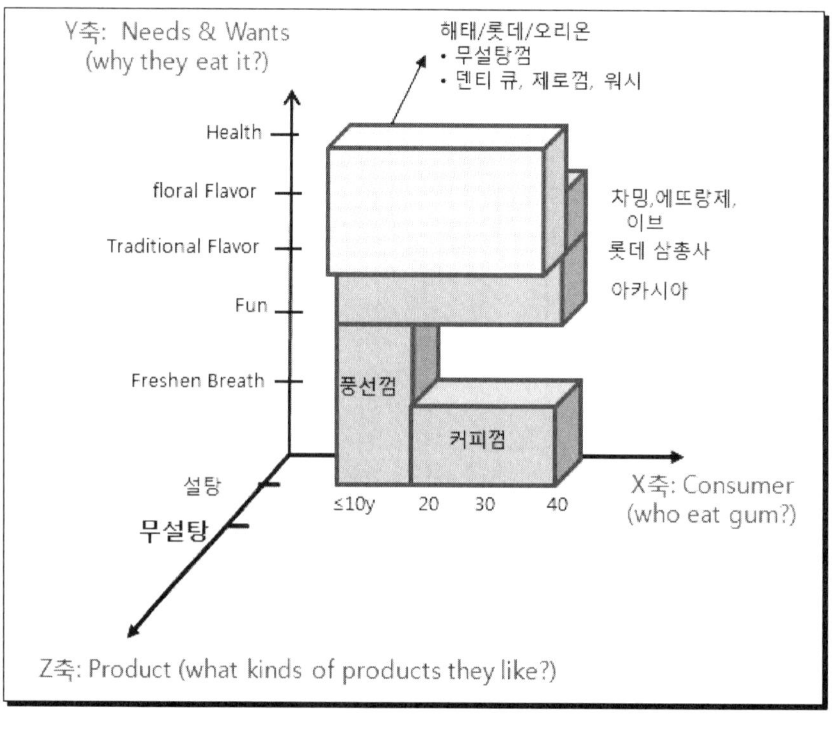

[그림 8-9] 무설탕껌의 설탕껌 공략

롯데제과가 삼총사로 시장을 점령하자, 해태제과가 무설탕으로 반격을 시작한 것이다. 해태의 무설탕껌 출시는 기존의 모든 껌들을 설탕껌으로 몰아서 '나쁜 껌'으로 만들어 버렸다. '무설탕'껌은 '좋은 껌'이라는 포지셔닝을 만들어 버렸다. 즉, '건강'이라는 껌 제품선택기준을 구매자에게 제시한 것이다. 그래서 기존의 모든 껌은 구강건강에 유해한 것이 되었다.

이후 껌 시장 경쟁사들은 구강건강에 좋은 껌을 만들기 시작했다. 해태제과의 '덴티큐'의 경쟁제품으로, 오리온에서는 '워시'를 출시, 깨끗하고 깔끔한 느낌의 연두색상과 산뜻한 로고체를 이용한 패키지로, 롯데에서는 '슈가프리'와 '덴티스트리', '제로 껌'으로 무설탕껌을 출시했다. 해태제과는 구강클리닉 전문 껌 '닥터 클리닉'을 내놓아서 제품계열을 확대했다.

입안 건강을 강조하게 됨으로써 이 시기에 껌은 드디어 치약과 경쟁하기 시작하게 되었다. 중국에서는 음식섭취 후 칫솔질 대신에 차를 마시므로, 중국 껌 시장은 치약 및 차와 경쟁하기 시작했음을 의미한다.

7 ▸▸ 1990년대 TPO별 기능성 껌

1990년대에 한국에서는 특정 고객집단이, 특정 시점(time), 특정 장소(place), 특정 상황(occasion)에서 사용할 수 있는 많은 종류의 기능껌이 출시되었다. 이 기능 하나 하나가 모두 상품에 부여된 가치이다.

- 졸음방지 껌(운전자를 위한 껌)
- 스트레스 해소 껌
- 구취제거 껌
- 충치발생억제 껌
- 의치(義齒)를 비롯한 치아에 붙지 않는 껌(의치 사용자 대상)
- 비타민 공급 껌
- 머리가 좋아지는 껌(DHA껌)

이 중에서도 구취제거 기능껌이 고객에게 가장 큰 사랑을 받았다. 녹차 엑기스의 추출물인 후라보노이드 성분을 이용한 기능성 껌이 구취제거용으로 대거 선보이게 됐는데, 오리온과 롯데의 '후라보노(브랜드명 동일)' 해태의 '후라보노이드'가 선보였고 여성을 주 타깃으로 한 '미스 후라보노'도 나왔다.

Abell의 업의 개념 틀에서 보면, Y축의 다양한 욕구를 개발하여 제공한 셈이다. 마케팅적으로 보면, 기존 향과 맛(taste)이라는 껌의 전통적인 주류 가치 이외에 비주류의 많은 가치들을 공략하는 것처럼 보인다.

이와 같은 무설탕 기능성껌의 TPO공략 전통은 아직도 남아있다. 예를 들어, 해태제과의 chew&sing껌은 이 껌을 씹은 후 30분 후에 노래 부르기 좋은 컨디션을 제공한다고 자랑한다. 이와 같은 트랜드는 기존 껌들을 '마치 소용없는 무기력한 껌(unuseful gum)'으로 몰아버렸다. 기능성이 있어야만 '유용한(useful)' 껌인 듯 자신을 포장하기 시작한 것이다. 미백작용 등의 껌 등은 치약과 경쟁하기 시작했으며, 비타민 공급껌은 약국에서 판매하는 비타민제와 경쟁하기 시작했다. 이 시기의 껌들은 대체재의 폭을 크게 증가시켰다.

8 ▸▸ 자일리톨의 세상

무설탕껌은 '충치를 유발하지 않는다'는 소극적인 껌이었다. 하지만 자일리톨은 '충치를 예방한다'는 것으로, 기능적 가치를 적극적으로 제공하는 껌이다. 충치유발 세균인 뮤탄스균을 억제한다는 것이다(용인시청공식블로그, 2010).

롯데제과는 '자일리톨껌'을 병 형태와 알약 형태, 케이스 형태 세 가지로 선보임으로써 포장 구조와 형태, 디자인 등 모든 면에서 변화시켰다. 즉, Abell의 업 개념에서 '건강'이라는 가치를 더욱 더 강조하면서, 이에 걸 맞는 형태에 적극적인 변화를 준 것이다.

- 목표시장: 남녀노소
- 가치: 충치예방
- 제품형태: 용기, 알약, 케이스 형태
- TPO: 자기 전에 먹는 껌, 양치 후에도 씹는 껌

여기에서 주목할 첫 번째 점은 껌을 씹는 시간(time), 장소(place), 상황(occasion)을 부여했다는 사실이다. 이 TPO는 새로운 시장가치를 창출하였다고 평가받을 수 있다.

특히, 오리온은 비닐 대용량 자일리톨 껌을 한국 시장에도 출시하였으며, 중국시장에는 특허로 보호받는 새로운 형태의 용기껌을 2010년 현재 판매하고 있다.

지금까지 살펴 본 껌의 역사를 그림으로 정리하면 [그림 8-10]과 같다.

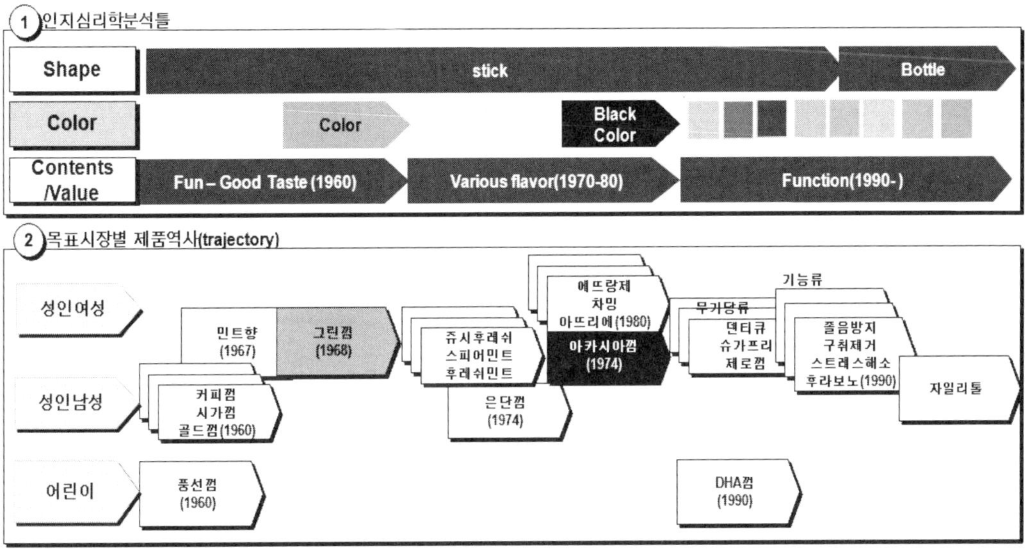

[그림 8-10] 껌의 역사를 형태-색상-콘텐츠 순으로 정리

9 ▶▶ 껌과 캔디의 만남

2004년 오리온은 롤스틱이라는 제품을 출시했다. 풍선껌 속에 캔디가 들어있어서, 캔디도 먹고 껌도 씹게 된다. 중국시장에서 Wrigley도 캔디류로 여겨질 수 있는 껌을 출시한 바 있다. 이제 제품 카데고리별 결합(aleatorik)이 발생하고 있는 것이다.

[그림 8-11] 제품 카테고리 간 aleatorik으로 해석되는 껌과 캔디의 만남

껌을 백과사전에서 찾아보면 '과자'로 규정되어있다. 또한 해태제과의 홈페이지도 과자류 밑에 껌을 소개하고 있다. 입에 들어가는 과자류인 '스낵', '초코렛', '비스켓'이 미래에 껌과 결합할 가능성이 있다. 이렇게 껌이 드디어 껌의 카테고리를 넘어서 간식분야의 다른 제품 카테고리와 합종연횡을 시작했다.

10 ▸▸ 가치변화의 요약

[그림 8-2]를 다시 한 번 [그림 8-12]로 제시한다. 한국의 껌 역사는 처음에 재미있는 껌이냐 그렇지 않느냐로 해태제과가 기존 미군 껌과 경쟁을 시작한다. 어른용 껌이 나와서 어린이용 껌과 경쟁한다. 무설탕껌이 나와서 기존의 어린이용, 어른용 껌을 모두 '유해한'것으로 몰아버리고, 무설탕껌은 '무해'하다며 승승장구한다. 그러다가, 구취제거 기능을 가진 껌이 출시되면서, 기능이 없으면 모두 껌이 아니라고 광고한다. 그러면서, 자일리톨은 '충치를 미리 예방'한다면서 변화하였다.

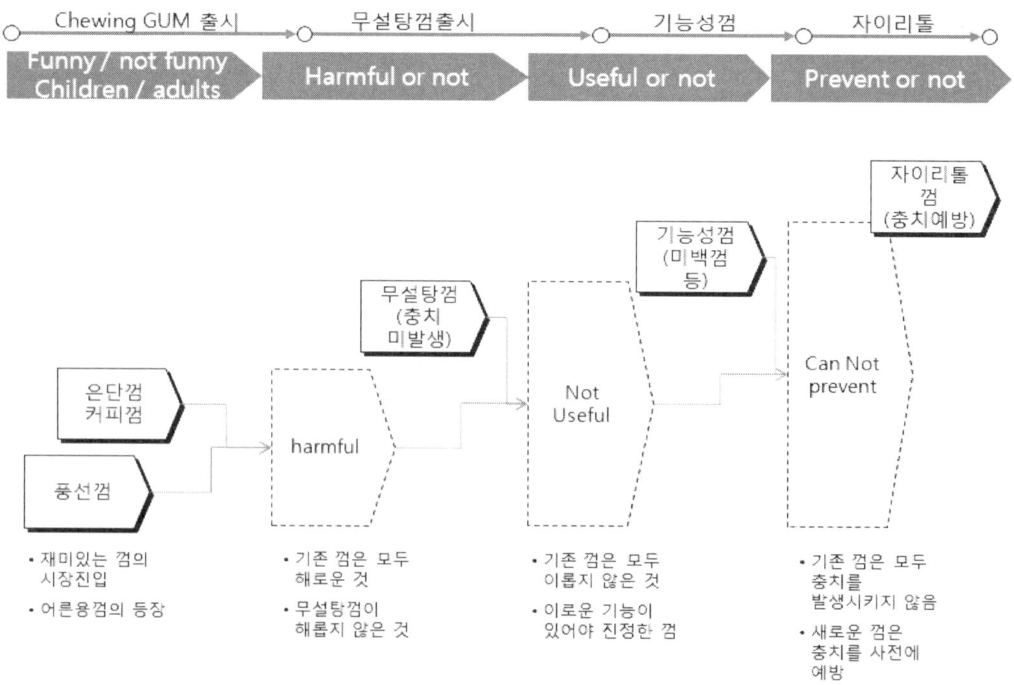

[그림 8-12] 껌의 가치변화 역사

11 ▸▸ 제품역사 속에서 가치소구점 변화 정리하기

이제 독자 여러분은 [그림 8-13]의 빈 곳에 자신이 관심 있어 하는 창업아이템 카테고리의 가치변화를 정리해 보자. 그리고 맨 마지막에는 미래에 어떤 가치를 제공해야 하는 지를 적어보자.

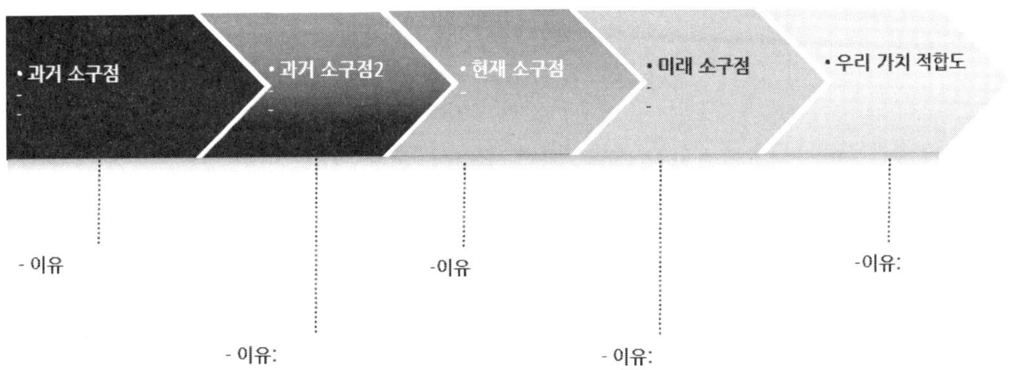

[그림 8-13] 가치변화 역사 연습하기

> 창업 아이디어와 창업아이템 11:
> ▸ 제품카테고리의 가치변화의 역사를 살피다 보면, 미래에 어떤 가치가 고객에게 필요한 지를 점검할 수 있게 된다.

12 ▸▸ 패션주기(fashion cycle)

패션주기는 새로운 스타일이나 패션형태가 시장에 소개된 이후 소수의 소비자들에 의해 채택되기 시작하면서 점차 이를 수용하는 소비자들의 수가 절정에 이른 다음에 인기가 하락하여 시장에서 자취를 감추는 일련의 과정이다(안광호·황선진·정찬진, 1999). 패션주기의 형태는 패션주기의 길이(시간의 지속성)와 유행의 정도에 따라 패션, 패드, 클래식, 순환주기(복고패션)등의 형태를 갖게 된다.

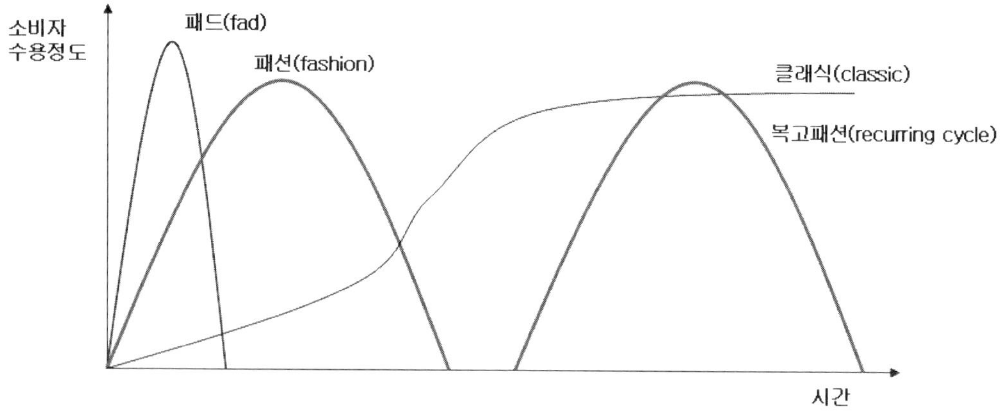

[그림 8-14] 패드, 패션, 클래식, 순환주기의 차이

클래식은 긴 패션주기를 가지며 패션시장에서 사라지지 않고 오랫동안 소비자에게 수용되는 경우를 말한다. 셔츠블라우스, 카디건 스웨터, 블레이저 등이 여기에 속한다. 쉽게 구식이 되지 않고 전통적이라는 느낌을 소비자나 관찰자에게 준다. 껌 시장에는 스틱껌을 사례로 들 수 있다.

패드(fad)는 수명주기가 짧게 나타나는 경우이다. 채택하는 소비자의 수가 단기간에 급격히 증가하여 유행이 되었다가 바로 쇠퇴하는 경우를 말한다. 패드는 일반적으로 젊은층이나 일부 소비자집단에만 영향을 미치며, 찢어진 청바지, 핫팬츠, 배꼽티 등을 예로 들 수 있다.

패션이란 패드보다는 장기적으로 나타나 소개기, 성장기, 성숙기, 쇠퇴기의 사이클이 나타나는 경우를 일반적으로 통칭한다. 따라서 패드보다는 길고, 클래식보다는 짧은 시장판매기간을 가지게 된다. 1950년대 햅번스타일이 그 사례이다. 자일리톨껌은 패션의 성숙기에 들어가 있다.

여기에서 한 가지 주목할 것은 행동의 모방은 유행현상을 낳는다는 점이다. 오늘날처럼 여성 옷에서 유행이 차지하는 역할이 커지면 옷에 대한 각자의 태도는 유행에 대한 태도에 따라 크게 둘로 나뉘게 된다. 즉, 유행을 따르는가 아니면 무시하는가이다. 유행을 무시하는 것도 모방적 판단이고, 유행을 따르는 것은 현저한 모방현상을 만들어 낸다. 그래서 이 모방현상의 크기에 따라 클래식, 패션, 패드가 모두 존재하게 된다.

패드나 패션이 시장에서 사라졌다가 다시 등장하는 경우를 복고 또는 순환주기패션이라 부른다. 1950년대 햅번스타일이 1990년에 다시 등장하거나, 1980년대 물빠진 청바지가 2010년경에 다시 등장하는 것을 목격할 수 있다. '응답하라'시리즈가 성공하고 나서 더욱 더 복고제품에 대한 수요가 창출되는 것을 볼 수 있다.

패드나 패션 및 클래식의 소개기(introduction stage)에 제품을 출시하면 상당한 매출과 이익을 누릴 수 있다. 하지만 신제품을 출시하여 성공시킬 확률은 매우 낮다. 패션이 복고풍으로 등장하여 새로운 소재와 색과 같은 디자인 요소로 복고되어 각광받는 경우는 흔히 목격할 수 있다. 새로운 제품을 만들어 차별화를 얻기 힘든 경우에는 마케터는 적극적으로 '반복'에 의한 복고를 고려해야 한다. 옛날에 있던 제품의 가치가 현대에서 새롭게 느껴지기 때문이다.

- 독일 자동차 Beetle의 New Beetle로의 탄생
- 미국 크라이슬러의 Cruiser는 1930년대 자동차를 연상시킴
- 1960년대 말 비틀즈의 머리모양이 최근에 유행
- 막걸리의 화려한 부활
- 마르코스 이멜다 여사가 자랑하던 어깨가 뾰족한 자켓선이 2000년대 중반 패션으로 각광
- 크리스마스 캐롤은 1년에 1번 크게 히트를 친다.
- 수요일에는 빨간 장미를, 벚꽃엔딩 등의 노래들은 특정시기에 반복적으로 기억나도록 설계되어 있다.
- 화폐도안에서 일부러 특정인물을 반복적으로 사용한다(영국 중국 등).

[그림 8-15] 과거의 명작들이 어떻게 현대 문화 속에 접목되었는지를 밝힌 Bonazzoli(2014)의 책 표지

창업 아이디어와 창업아이템 12:
- 제품카테고리 가치변화의 역사 속에 나타난 제품을 현대에 되살리는 것도 창업아이템이 될 수 있다.

독자가 관심있어 하는 창업아이템을 하나 선택해 보자.

예전에 이 제품에는 있었는데, 요즘은 사라진 제품의 기능이 무엇인지 나열해 보자.

그 예전 기능을 복구한 제품을 출시할 경우, 시장에서 채택이 될까?

그런 제품을 누가 구매할까?

그들은 왜 구매할까? 그 이유를 적어보자.

13 ▸▸ 참고문헌

- 곽영식(2013), 창업을 위해 미학에서 배우는 신제품개발, 서울: 피앤씨미디어.
- 용인시청블로그(2012).
- 안광호 · 황선진 · 정찬진(1999), 패션마케팅, 서울: 수학사.
- Francesca Bonazzoli(2014), Mona Lisa to Marge How the World's Greatest Artworks Entered Popular Culture, Prestel.

제 9 장

상품 사용 중에 고객이 느끼는 가치 찾기

제8장에서는 모든 사업에서 가장 중요한 제품/서비스(상품)가 고객에게 주는 <가치>를 제품카테고리의 가치변화 역사 속에서 새롭게 찾아보는 연습 해 보았다. 이 장에서는 상품을 사용하면서 얻게 되는 가치와 사용 중에 느끼는 불편한 점, 사용하지 못함으로써 느끼는 감정 등을 측정함으로써 우리의 창업아이템이 갖추어야 할 가치를 창출해 보기로 한다.

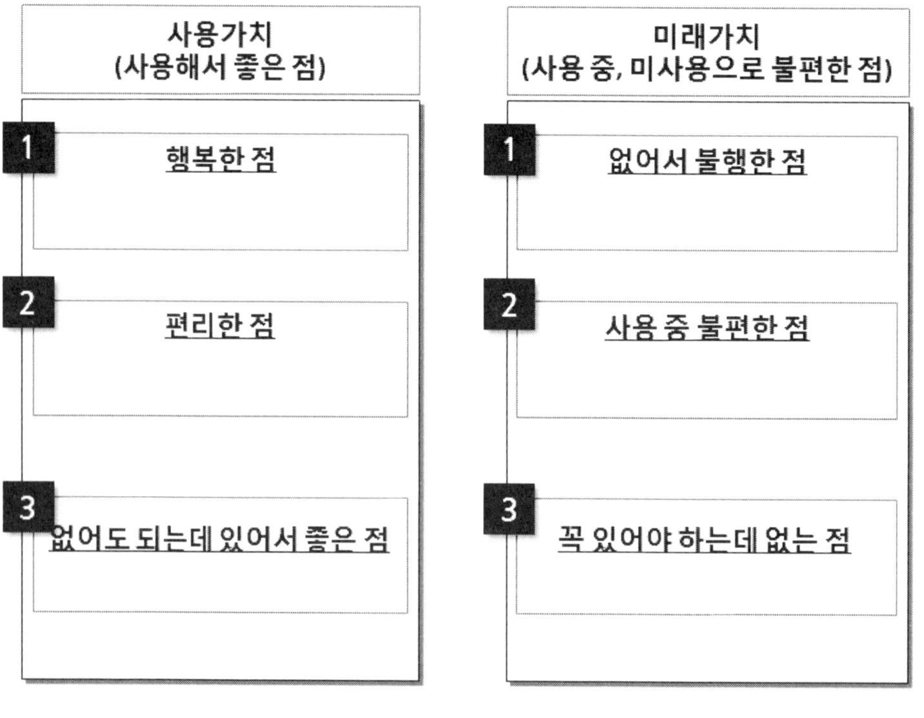

[그림 9-1] 사용가치와 미래가치 개발표

우리는 먼저 사용가치를 측정한 후, 경쟁사가 갖고 있는 사용가치와 경쟁우위를 점검하고, 경쟁사가 갖지 못한 사용가치를 찾아볼 것이다. 더 나아가, 이 상품을 갖고 있지 못함으로써 고객이 느끼는 '부재'의 아픔을 찾아볼 것이다. 이를 통해 미래에 제품이 갖추어야 할 selling points를 검토해 본다. 현재 사용 중에 고객이 불편을 느끼는 부분이 있는지를 점검하고, 마지막으로 고객의 목소리로 제품이 갖추어야 할 미래의 모습을 적어보게 된다.

이 장에서는 주로 독자들이 빈 칸을 채워 가면서 창업아이템의 가치를 발견하는 과정을 거친다.

1 ▸▸ 사용가치와 경쟁우위

[그림 9-2]는 상품의 사용가치를 적게 되어 있다. 그리고 사용가치는 세 부류로 구분되어 있으며, 이 세 부류의 우선순위가 나열되어 있다. 가령, 중국 후난성 창사시에 위치한, 연간 80만명의 사람들이 찾는 대형식당에 근무하는 450명의 직원 중 26세의 기혼 여직원이 핸드폰에 대해 느끼는 사용가치를 측정해 보자. 이 여성은 남편과 떨어져 식당에서 제공하는 기숙사에 살고 있으며, 아들은 시부모님이 시골에서 키우고 있다. 아들과 남편을 핸드폰의 영상통화를 통해 만나고 있다. 이 분이 사용하는 핸드폰의 가치를 [그림 9-2]에 채운다고 하자. 독자 여러분은 KBS '다큐멘터리 3일'이라는 프로그램의 2016년 1월 10일 방영분을 시청한 후 아래 그림을 채워보자.

- 핸드폰을 사용하면서 어떤 행복한 점이 있을까?
- 핸드폰을 사용하면서 어떤 편리한 점이 있을까?
- 핸드폰을 사용하면서 없어도 되는데 있어서 좋은 점이 있을까?

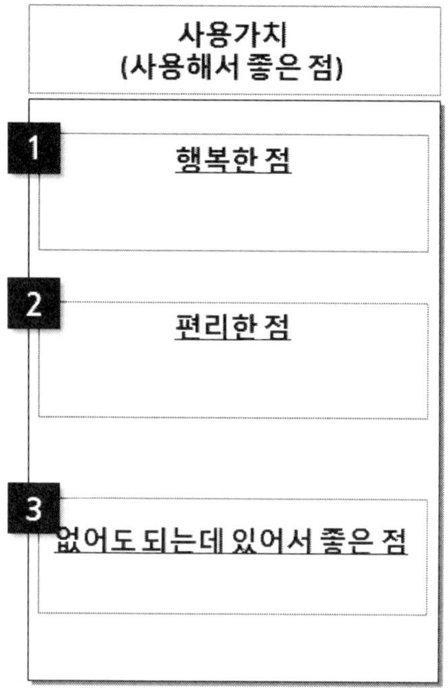

[그림 9-2] 사용가치를 우선순위로 정리한 표

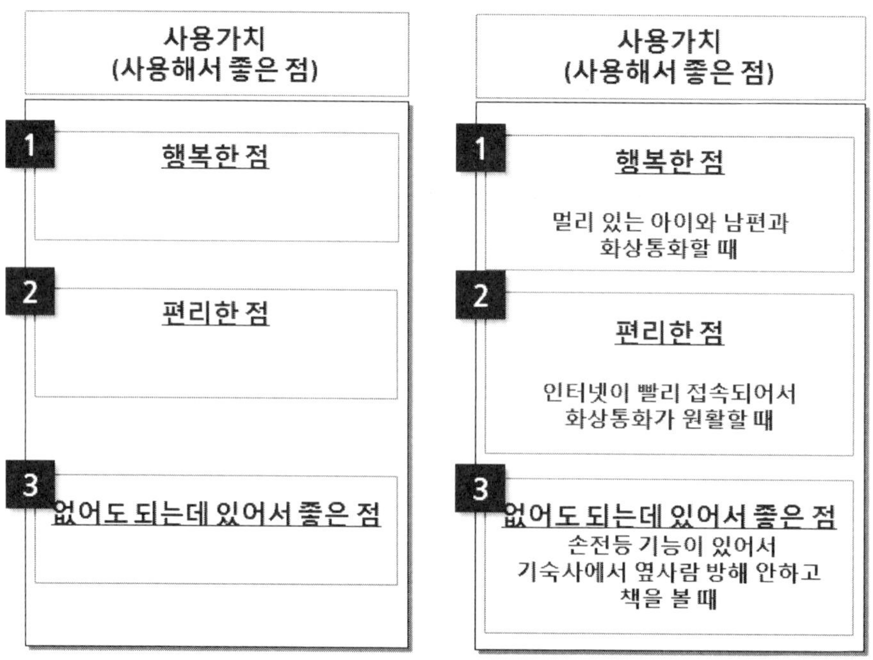

[그림 9-3] 사용가치에 의해 핸드폰 가치가 정리된 사례

이 [그림 9-3]의 사례를 보면, 화상통화, 인터넷 접속속도, 손전등 기능 등에 대해 사용자의 가치가 발견된다. 독자들은 [그림 9-3]에서 행복한 점이 1순위, 편리한 점이 2순위, 없어도 되는데 있어서 좋은 점이 3순위로 매겨져 있다는 것을 알 수 있다. 따라서 우리 상품은 위에서 나열된 사용가치 중 행복한 가치를 주는 요소와 편리함을 주는 요소를 반드시 갖추고 있어야만 한다.

여기에서 경쟁사의 상품을 고려해 보자. 기업은 가능한 행복한 가치를 제공하는 1순위의 것에 경쟁자의 가치보다 우수해야 한다. 그래야 경쟁사 제품보다 우리제품이 선택될 확률이 높아질 것이다.

이제 우리 상품이 갖고 있어야 할 가치를 경쟁사의 것과 비교하여 경쟁우위를 갖도록 찾아보자. 연습을 위해 [그림 9-4]를 완성해 보도록 하자.

먼저 [그림 9-3]에서 얻어진 제품선택기준 또는 사용가치를 나열한다. 다음으로 경쟁자가 잘 하고 있는 부분에 대해 체크한다. 마지막으로 우리가 잘하고 있는 것에 대해 점검한다.

이제 우리 상품이 경쟁사의 것보다 우위에 있는 것을 찾거나 경쟁사가 갖고 있지 않은 우위에 있는 기준을 찾는다. 독자는 자신이 찾은 상품의 '가치'가 고객시각측면에서 충분히 '가치'가 있는지, 경쟁사의 '가치'보다 훨씬 구매를 자극하는지, 그 가치를 우리 제품이 정말로 갖고 있는 지를 점검하게 된다. 그리고 마지막으로 그 가치가 얼마 동안 지속될 수 있는 지를 점검한다.

	1. 고객이 제시한 가치를 고객시각에서 중요한 순서로 우선순위를 나열합니다.	2. 경쟁자가 잘 하는 것을 표시합니다 ✓	3. 내가 잘 하는 것을 표시합니다 ✓
1			
2			
3			
4			
5			
6			
7			

[그림 9-4] 사용가치 중 경쟁우위를 찾아내는 장표

2 ▸▸ 미래가치

[그림 9－5]는 상품의 미래가치를 적게 되어 있다. 그리고 이 미래가치는 세 부류로 구분되어 있으며, 이 세 부류의 우선순위가 나열되어 있다.

- ▸ 이 상품이 없다면, 일어나는 불행한 사건을 적어본다.
- ▸ 이 상품을 사용하다가 발생한 불편한 점을 적어본다.
- ▸ 이 상품의 기능, 형태에서 꼭 있어야 하는데, 없는 것을 고객에게 적도록 한다.

만약 앞의 사례에 등장한 여성종업원의 핸드폰이 갑자기 없어졌다면 그 여성의 마음속에 어떤 일이 발생할 것인가를 상상해 보자.

- ▸ 아이나 남편과 '빠르고', '정확하고', '내가 필요한 때 통화하거나 얼굴을 보는 것이' 불가능 할 것이다.

핸드폰으로 인해 불편한 점은 무엇일까? 만약 오락을 누워서 오래하는 사람의 경우 핸드폰이 무거우면 손목이 아프다. 따라서 오락을 하는 사람들은 핸드폰이 커지면 화면이 커져서 좋지만, 무거워져서 손목이 아프다는 불편함이 존재할 수 있다. 다른 사례로는 삼성 edge제품의 경우에는 기존 제품보다 capture기능이 떨어지는 불편함이 존재할 수 있다.

마지막으로 고객들에게 반드시 필요한 기능인데, 없다고 느끼는 것을 적게 하는 것이 필요하다.

이렇게 세 가지를 묻고 나면, 창업자들은 미래의 우리 상품이 갖추어야 할 기능 또는 형태를 찾아낼 수 있게 된다.

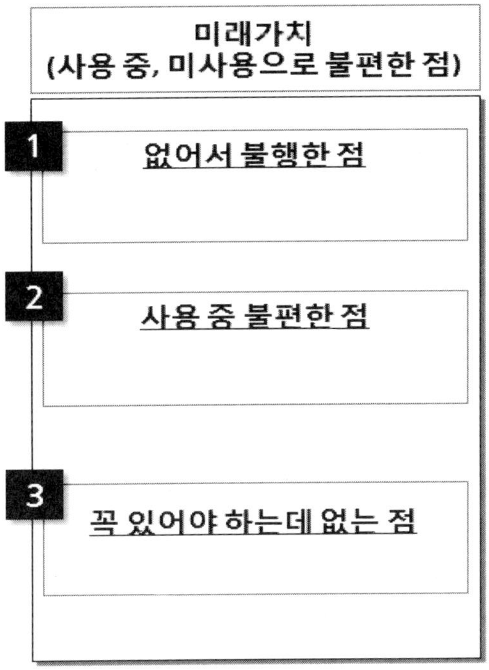

[그림 9-5] 미래 가치 개발표

3 ▸▸ 독자 연습

독자들은 [그림 9-2], [그림 9-4], [그림 9-5]를 바탕으로 자신이 창업에 관심 있는 상품에 대한 사용가치와 미래가치를 적어보자. 그리고 이 가치가 경쟁사의 상품에 비해 경쟁우위가 있는지, 이 경쟁우위가 얼마나 지속될 지에 대해 논의해 보자.

4 ▸▸ 참고문헌

- Alexander Osterwalder, Yves Pigneur, Gregory Bernarda and Alan Smith(2014), Value Proposition Design: How to Create Products and Services Customers Want, Wiley.
- 곽영식(2013), 창업을 위해 미학에서 배우는 신제품개발: 서울: 피앤씨미디어.

제10장

개인역사 속에서 고객이 느끼는 가치 찾기

제9장에서는 상품을 사용하면서 얻게 되는 가치와 사용 중에 느끼는 불편한 점, 사용하지 못함으로써 느끼는 감정 등을 측정함으로써 우리가 창업할 아이템이 갖추어야 할 가치를 창출해 보았다. 제 10장에서는 개인의 머릿속에 남아 있는 아주 강한 기억을 CEM(critical events methods)라는 것을 통해 알아내고, 이 질문에 대한 답 속에서 미래의 제품이 갖추어야 할 가치를 찾아내는 일련의 과정을 소개하고자 한다.

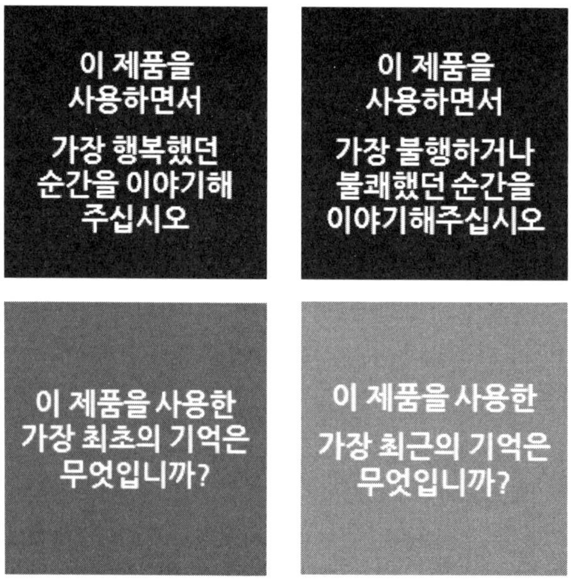

[그림 10-1] CEM에서 사용하는 질문 네 가지

1 ▸▸ CEM로 질문하기

신제품이 갖추어야 할 가치를 찾기 위해 제일 먼저 목표시장이라고 생각하는 사람들을 대상으로 표본집단면접(focus group interview)을 실시한다.

이 표본에게 질문하는 항목은 네 가지이다. 이 질문을 CEM(critical events methods)라고 부르며, 이 질문을 통해 사람들의 기억 속에서 네 가지를 찾아내게 한다. 이 방법은 주로 문화적 코드(cultural code)를 찾기 위해 사용하는 방법이다. 문화적 코드(cutural code)란 특정 대상에 대해 구매자 또는 소비자의 머릿속에 공유하고 있는 무의식적인 합의(unconscious consensus)를 말한다. 이 질문을 통해 사람들이 공유하고 있는 코드를 찾고 이 속에서 가치를 탐색하는 과정을 거친다.

- 이 제품을 사용하면서 가장 행복했던 순간을 이야기해 주십시오. 누구와 언제 어디서 어떤 상황 때문에 행복했나요?
- 이 제품을 사용하면서 가장 불행하거나 불쾌했던 순간을 이야기해 주십시오. 누구와 언제 어디서 왜 불쾌하셨나요?
- 이 제품을 사용한 가장 최초의 기억은 무엇입니까?
- 이 제품을 사용한 가장 최근의 기억은 무엇입니까?

독자들에게 친숙한 껌에 대한 2010년 초반에 시행된 FGI(focus group interview)에서 회상한 껌에 대한 네 가지 질문에 대한 기억을 토대로 가치개발 사례를 정리해 보았다.

먼저 행복한 기억들을 정리해 본다.

- 음식물을 먹고 난 후 껌을 씹으면 입이 상쾌해요.
- 회사에 입사해서 재미있었던 것은 점심식사 후에 남자들은 칫솔질을 하지 않고 식당카운터에 있는 껌을 씹는다는 것이죠. 입냄새를 제거할 뿐만 아니라 이빨 사이의 음식물 제거용으로 사용하는 것이지요.
- 어릴 적에 달콤하고 너무 좋았어요.
- 어릴 적에 잠들 때 씹던 껌이 하도 좋아서 벽에 붙여 놓고 자고는, 아침에 일어나서 다시 씹었던 기억이 납니다(40대 초반 남성).

불쾌했던 기억은 다음과 같다.

- 어릴 적에 껌이 머리에 붙어서 고생을 했던 기억이 납니다. 그랬더니, 제 아이도 머리에 껌을 붙이고 다니더군요(30대 후반 여성).
- 동대문 야구운동장에 갔더니 관중석 바닥이 모두 껌 투성이였어요. 껌을 바닥에 버리는 사람이 제일 싫어요.
- 씹던 껌이 목에 넘어가서 토해 내느라고 죽는 줄 알았어요.
- 풍선껌이 터져서 눈썹에 붙었어요.
- 딱딱해 질 때까지 씹어서 턱이 아팠어요.
- 메이커 말고 불량식품처럼 팔리는 껌이 학교 앞에 있었어요.
- 아이들은 껌을 입으로 잡고는 손으로 잡아 땡겨서 장난치다가 다시 입에 넣어 먹어요. 그 더러운 손으로 말이예요. 아주 비위생적이어요.
- 껌을 씹으면 위산이 나와서 위에 안 좋을 것 아니예요?
- 아이들 껌이 옷에 붙어서 안 떨어지더라구요.

가장 최초의 기억에 대한 것은 다음과 같다.

- 서울에 올라와서 첫 직장을 다니는데, 선배들이 점심 먹고 나서 나누어 먹었어요.
- 동네 상점에 롯데 삼총사 껌이 있었어요.
- 초등학교에 들어갔는데 아이들이 껌을 씹고 있었어요. 우리 어머님은 어릴 적에 껌을 주지 않으셨죠.

가장 최근의 기억은 다음과 같았다.

- 치과에 가기 전에는 꼭 껌을 씹지요(70대 여성)
- 충치를 예방해 준다고 해서, 밤에 씹고 있어요.
- 손님을 접대하기 전에 반드시 껌을 씹어요.
- 칫솔질을 할 수 없을 때 껌을 씹어요.
- 껌은 자동차 운전할 때만 씹어요. 졸음을 막죠.
- 남한테 제가 껌 씹는 모습을 보여주는 것이 싫어요. 건방져 보이잖아요.
- 사무실 책상 위에 올려놓고 가끔 씹어요.

- 그냥 심심할 때 씹어요.
- 입에서 냄새가 나면 다른 사람이 불쾌해 하잖아요.
- 향이 오래가는 껌이 좋아요.
- 외출해서 사람을 만나기 직전까지 껌을 씹어요.
- 담배냄새를 없앨 때 껌을 씹지요.
- 저는 담배를 끊기 위해 껌을 씹습니다.
- 술 깨려고 껌을 씹지요. 음주운전 중에도 껌을 열심히 씹습니다.

2 문화적 코드 정리하기

지금까지 CEM에 의해 질문된 것에 대한 기억들을 정리해 보면, 껌은 충치예방이나 구강청결같은 개인위생을 위해 사용되거나, 남에게 불쾌감을 주지 않게 하기 위해 사용되는 사회적인 도구이다. 이 사례에서 나타난 껌의 효용을 나열해 보면 다음과 같다.

- 재미를 주는 것(fun provider)
- 충치예방: 충치를 막아주는 도구(protector)
- 입냄새제거: 입냄새를 제거해 주는 도구(eliminator)
- 입 안 음식물 제거: 입 안 음식 잔여물을 제거하는 도구(helper)
- 구강청결: 개인의 입안 위생을 돕는 도구(helper)
- 타인이 느끼는 불쾌감 방지: 불쾌감 원천을 없애주는 도구(destroyer)

어린이의 기억 속에 껌은 재미있는 것이다. 반면에 어른들의 눈에 어린이들의 껌은 '골칫거리(trouble maker)'이다. 지금까지 위에서 추출한 코멘트를 정리해 보면 어린이용 껌은 어른들의 눈에 골칫거리(trouble maker)이자 만성적인 스트레스를 유발하는 것(chronic stress provider)이다. 한마디로 나쁜 것이다(the bad).

위에서 정리된 단어들을 합치면 '누구나가 만성적으로 겪는 스트레스를 제거하는 도구(chronic stress eliminator)'가 껌인 것이다. [그림 10-2]와 [그림 10-3]은 지금까지 논의한 껌에 대한 문화적 코드를 어린이의 시각과 어른의 시각에서 정리해 본 것이다.

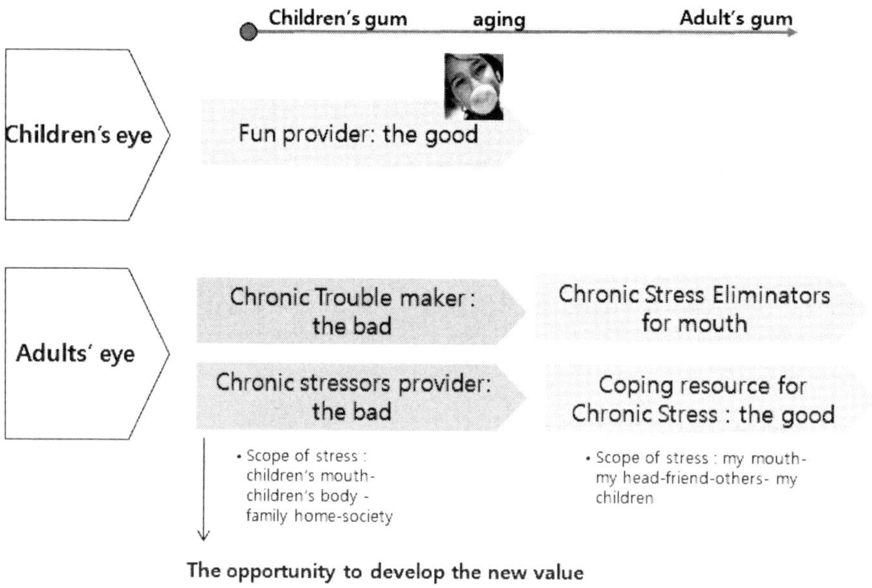

[그림 10-2] 어린이와 어른의 시각에서 껌의 문화적 코드(cultural code)

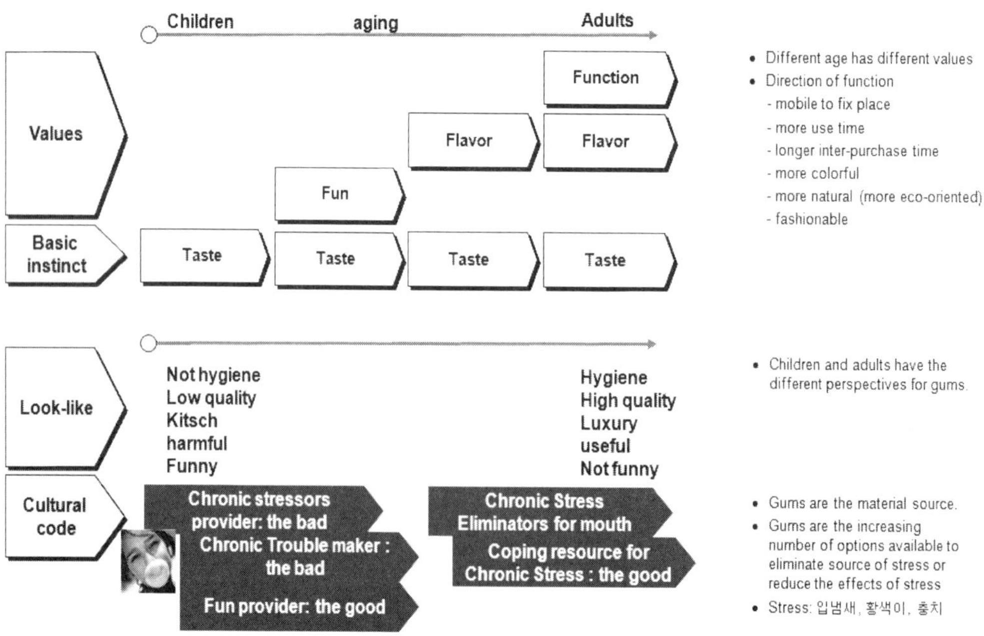

[그림 10-3] 껌에 대한 문화적 코드 정리

3 ▸▸ 그레마스(Greimas)의 '기호사각형' 틀에서 새로운 가치 찾기

지금까지 우리는 껌에서 느끼는 문화적 코드를 껌의 주 구매자인 어른의 시각에서 찾아보았다. 이제 그레마스가 사용하는 '기호 사각형' 틀에서 껌의 새로운 제품개발 방향인 새로운 가치를 추출해 보자. 이 과정을 통해 껌의 구매에서 돈을 지불하는 어른들이 원하는 어린이용껌의 조건을 찾고 구체적으로 제품을 구체적으로 개발해 보자.

제일 먼저 '기호 사각형'에서는 대립관계의 두 개념을 나열한다. [그림 10-4]처럼 우리는 어른들의 눈에 어린이의 껌이 'trouble maker'이며 만성적인 스트레스 유발요인이라고 문화적 코드를 제시하자. 그러면 그 대립관계로 '만성적인 스트레스를 없애주는 것'이라는 문화적 코드를 제시하게 된다. 실제 우리는 위의 껌 구매자들의 입에서 껌이 스트레스를 감소시키는 옵션 중의 하나임을 찾아내었다.

그레마스의 '기호사각형'의 두 번째 단계는 각 대립관계의 요소들과 모순관계에 있는 것들을 제시하는 것이다. 단순하게는 기존 대립관계의 요소들 앞에 '아닐 非'자를 넣는 방법이다. 이 과정을 보면 [그림 10-5]의 하단의 두 네모칸에 두 개의 새로운 개념이 등장한다. 3과 4로 표시되었다. 1의 모순관계는 4번에 표시되고, 2의 모순관계는 3에 표시되었다.

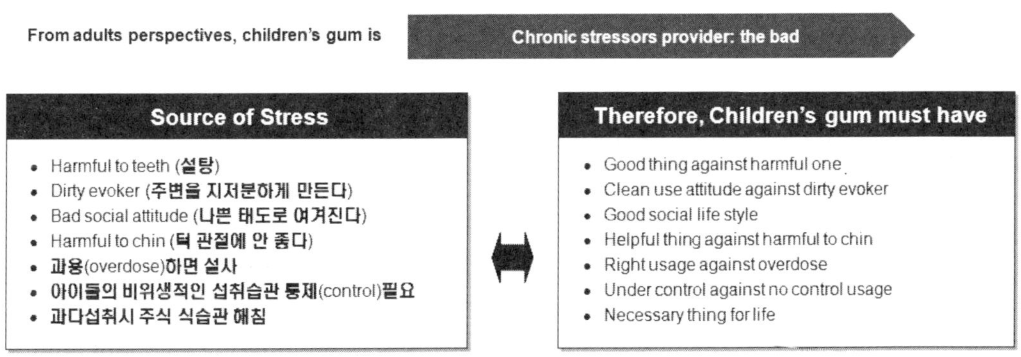

[그림 10-4] 그레마스의 대립관계 설정

3과 4가 개발되기 위해 실시한 작업을 [그림 10-5]에서 확인해 보자. 스트레스의 원인을 하나씩 나열하고, 그 대척점으로 조건을 나열했음을 알 수 있다.

마지막 단계는 2의 모순관계인 3인 1을 위한 함축관계임을 확인하는 것이고, 1의 모순관계인 4가 2를 위한 함축관계임을 확인하는 것이다.

어른들은 2를 이상적인 껌의 상태로 생각하고 있으므로, 적어도 어린이의 껌은 4번 정도는 만족하고 있어야 하는 것이다. 따라서 어린이용껌의 개발의 기준은 1번의 문화적 코드의 모순관계인 4의 조건을 충족시키는 제품이면 된다. 즉, [그림 10－5]에 표시된 내용이 새로운 가치를 개발하는 조건이다.

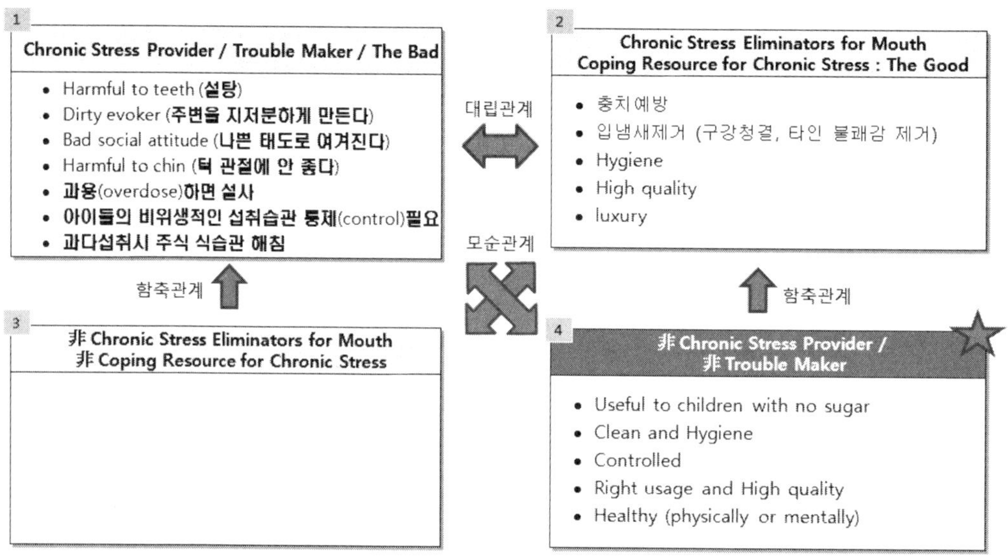

[그림 10-5] 그레마스의 기호사각형으로 어린이용 껌 개발조건 찾기

4 ▸▸ 새로운 가치를 정리하기

지금까지 우리는 껌에서 느끼는 문화적 코드를 껌의 주 구매자인 어른의 시각에서 찾아보았다. 이제 그레마스가 사용하는 '기호 사각형' 틀에서 껌의 새로운 제품개발 방향인 새로운 가치를 추출해 보자. 이 과정을 통해 껌의 구매에서 돈을 지불하는 어른들이 원하는 어린이용 껌의 조건을 찾고 구체적으로 제품을 구체적으로 개발해 보자.

어른들이 생각하는 어린이용 껌의 첫째 조건은 어린이에게 유익한 것이어야 한다. 어린이가 껌을 씹는 것을 허용하는 마음이 부모의 마음에 들 정도의 뭔가의 효용이 있어야 한다.

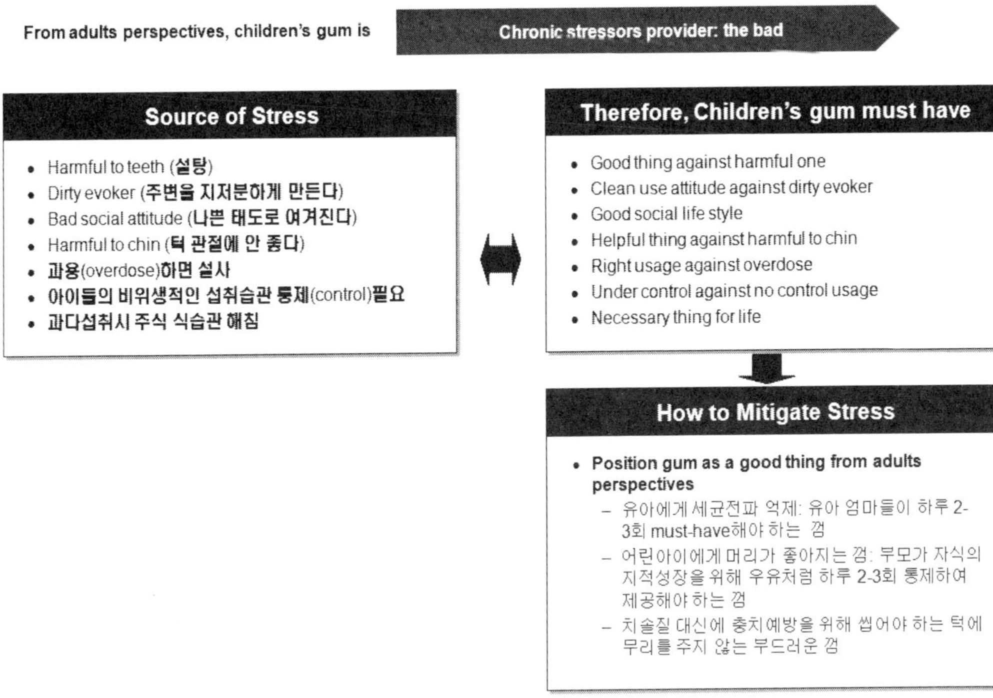

[그림 10-6] trouble maker의 개념에 모순관계를 만족시키는 대안 3개

둘째 조건은 청결하고 위생적인 상태에서 껌을 씹는 환경이 조성되어야 한다. 기존의 껌의 섭식상태나 조건이 너무 위생적이지 않았기 때문이다. 셋째, 기존의 껌은 부모의 통제 하에서 섭취되지 않았으므로 새로운 껌은 부모의 통제 하에서 섭취되도록 포지셔닝되어야 한다. 넷째, 적당하거나 정확한 양이 섭취되는 조건을 갖추어야 한다. 다섯째, 식습관을 해치는 등의 이유가 지적되는 것을 해결하기 위해 아이들의 건강에 좋아야 한다. 그런데 육체의 건강만을 지금까지 논의 했다는 생각을 저자가 하고 말았다. 껌을 먹어서 정신건강까지 좋은 것이 없을까?

이제 두 조건을 만족하는 것이 무엇인지를 Brain storming을 통해 찾아서 나열해 보자.

첫 번째 가치: 어린아이에게 머리가 좋아지는 껌

상품: 부모가 자식의 지적성장을 위해 우유처럼 하루 2~3회 통제하여 제공하는 껌.

- 목표시장: 초등학교 저학년
- Time: 아침
- Place: 부모나 엄마가 있는 아침식탁 앞
- Occasion: 10분 정도 씹으면 머리가 좋아지는 성분이 들어있음.

이것은 껌을 입 안에서만 평가한 것이 아니라 머리로 그 효용을 확대한 것이다. 마치 요쿠르트가 장을 위한 것에서 위를 위한 것으로 위치를 바꾸는 것과 같다. 또한 아이의 머리가 나쁘거나 좋지 않나 하는 스트레스를 벗어나게 해 주는 도구 중의 하나가 되는 것이다. 마케팅측면에서는 어릴 적에 씹었던 상표를 어른이 되어서도 씹게 할 수 있는 기반을 조성하게 된다.

만약 '머리가 좋아지는 껌'이 개발될 수 있다면, 그레마스의 '기호 사각형'은 새로운 가치(new value)로써 '머리에 건강'에서 더 넘어 '지적성장'이라는 것을 만들어 낸 것이다.

그렇다면 회사가 해야 할 일은 무엇일까?

- 어린이가 껌을 씹으면(저작 기능만으로도) 머리가 좋아진다는 과학적 증거를 확보한다.
- 지적 성장에 도움이 된다는 DHA가 껌에 채용될 수 있는지 확인한다(예전에 있었다.)
- 경쟁사가 모방하는데 시간이 오래 걸리지 않은 제품이니, 경쟁사가 따라오지 못하는 방법을 강구한다.

지금까지 상상한 어린이용 껌을 Abell의 업의 개념에 위치시켜 보자.

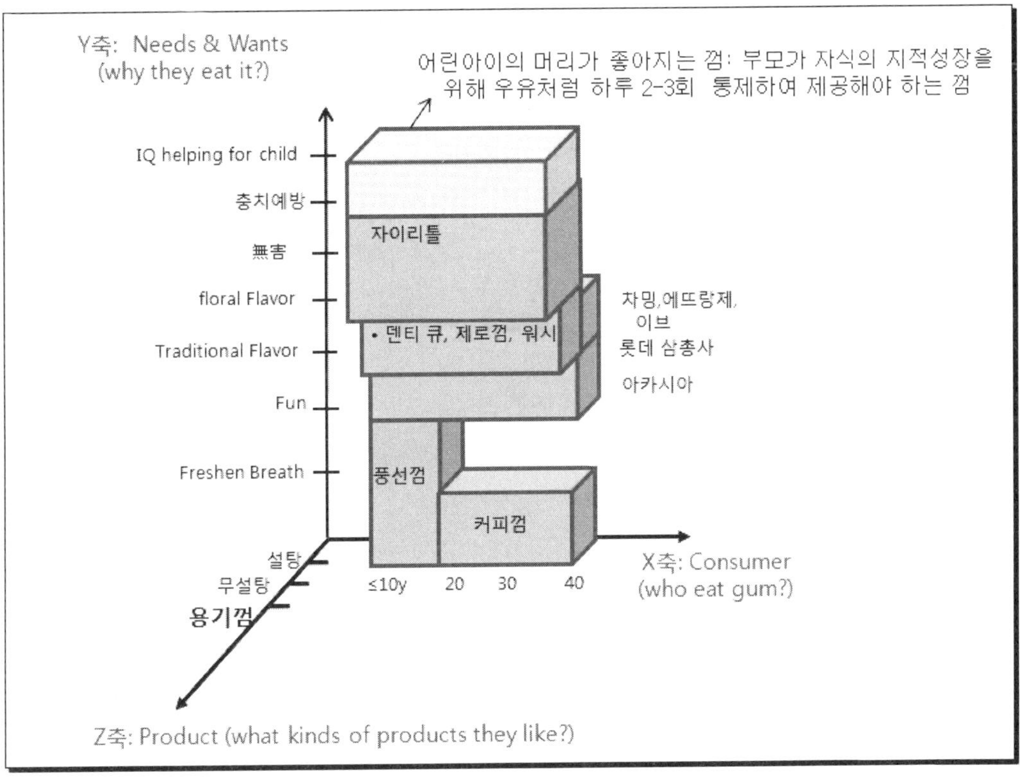

[그림 10-7] 그레마스의 기호사각형 모델을 적용해 개발한 어린이용 껌의 포지셔닝

5 ▸▸ 그레마스의 기호사각형에 의한 신제품개발연습

독자들은 현재 상태에 불만을 가진 무엇인가를 적어 놓고, 이 불만을 해소할 새로운 특성을 가진 대안을 개발할 수 있다. [그림 10-8]과 같이 현재의 불만을 1국면에 적은 다음에 그것의 모순관계를 4에 적어보자. 그리고 4국면의 조건을 만족시키는 가치를 생각해 보자.

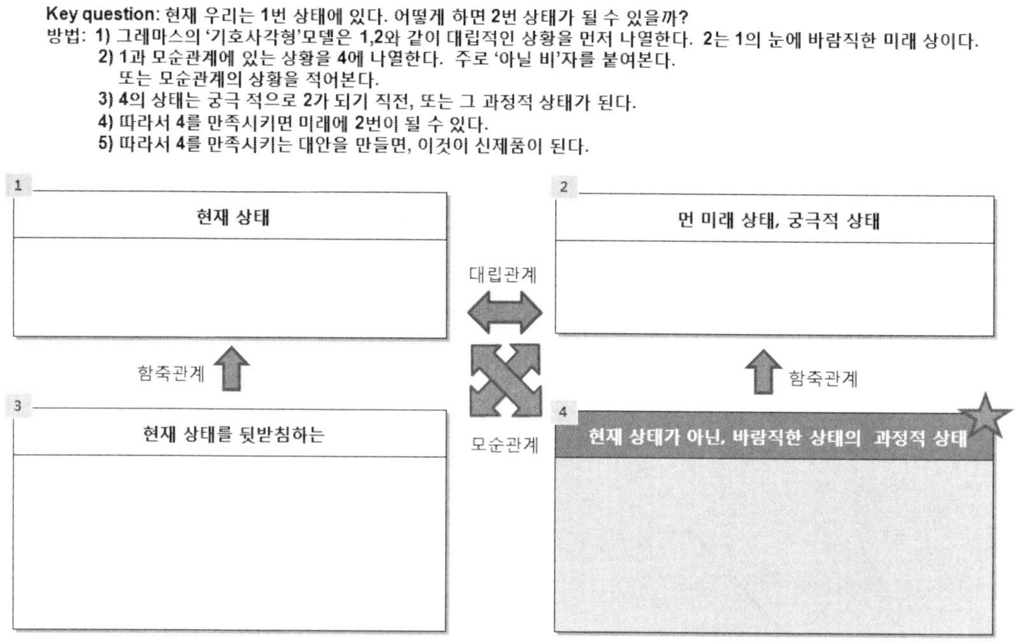

[그림 10-8] 독자들의 관심제품/서비스를 개선하기 위한 사용할 기호사각형 모델

6 ▸▸ 참고문헌

- 곽영식(2013), 창업을 위해 미학에서 배우는 신제품개발: 서울: 피앤씨미디어.
- 곽영식(2015), 창업자를 위한 비즈니스모델 개발 템플릿, 서울: 피앤씨미디어.
- 백승국(2004), 문화기호학과 문화콘텐츠. 서울: 다할미디어.
- 지상현(2007), 시각예술과 디자인의 심리학, 서울: 민음사.

제11장

가격 대비 가치 속에서 창업아이템 찾기

가격은 언제나 핵심가치가 될 수 있다. 고객이 상품을 구매하는 이유는 고객이 지불하는 가격보다 상품에서 느끼는 가치가 높기 때문이다. 따라서 창업자는 고객이 상품에서 느끼는 가치를 반드시 측정할 필요가 있다.

또한 시장에 내가 선보인 제품 이외에도 경쟁하는 제품이 존재할 수 있기 때문에 경쟁사의 제품의 가치도 고려해야 한다.

이 장에서는 가격과 가치를 비교하면서 창업아이디어를 발견하는 과정을 연습하게 된다.

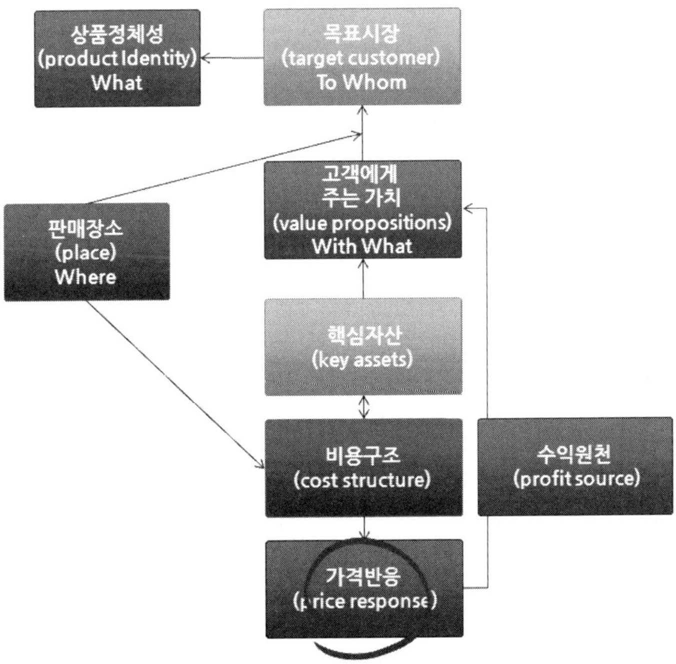

[그림 11-1] 비즈니스모델 중 가격

1 ▶▶ 시장참여자 가격 포지셔닝

시장에 진입하려는 창업자가 시장 내 포지셔닝과 관련하여 의사결정을 해야 할 때 참고할 수 있는 개념이 두 가지 있는데, (1) 가격-품질 사슬(price-quality tier)과 (2) 소매의 수레바퀴(wheel of retailing) 현상이다.

(1) 가격-품질사슬(price-quality tier)

Dolan and Simon(1997)은 시장에서 고객들에게 지각되는 품질과 그들이 지불하고 있는 가격과의 관계를 살펴보면 [그림 11-2]와 같이 나타난다고 주장했다.

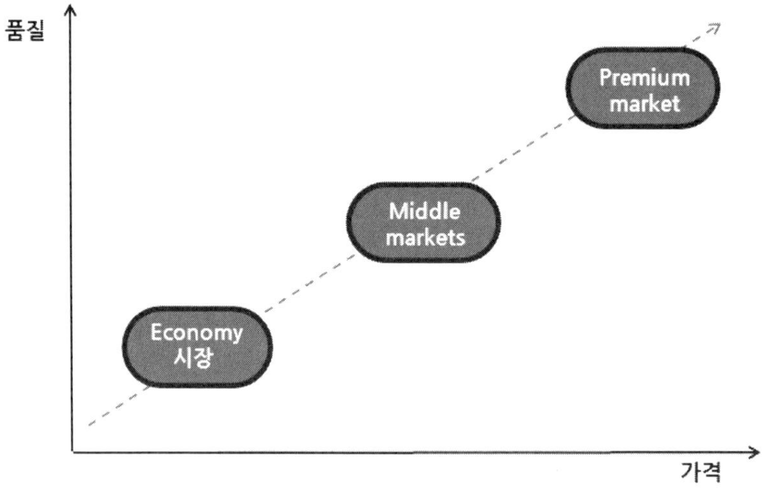

[그림 11-2] 가격과 지각된 품질 위치정립

제품이나 상표에 대해 고객들이 느끼는 품질이 높으면 높은 가격을 지불하려고 하며, 이러한 세분시장에 진입하는 것을 프리미엄시장에 진입한다고 한다. 반면에 고객이 상품의 품질을 낮게 인식하면 해당 상품에 대해 지불하려는 가격이 낮다. 이 시장을 이코노미시장이라 부른다. 중간 품질 정도의 상품을 중간가격정도를 사려는 사람을 대상으로 사업을 진행하는 것을 미들마켓에 들어간다고 한다. 이를 가격-품질 사슬([그림 11-2])이라고 부른다.

이 세 가지 위치에서 벗어나서 고객이 느끼는 품질에 비해 지나치게 가격이 높은 경우에는 시장점유율이 낮은 결과가 나타나게 된다. 이러한 현상은 미국이나 한국, 중국 등 다양한 국가에서 많은 산업에 걸쳐 발견된다.

[그림 11-3]은 미국 맥주시장을 1993년 시점에서 살펴 본 신문자료를 요약한 것이다. 이 그림에서 각 맥주회사가 자신의 상표를 각기 다른 가격-품질 사슬(price-quality tier) 내 각 세분시장에 위치시키고 있음을 보여준다.

Average Price and Index	Anheuser Busch	Philip Morris	Adolph Coors
Tier 1 $14.07 (100)	Budweiser Bud Light Bud Dry	Miller Lite Miller Genuine Draft Miller Genuine Draft-Light	Coors Light
Tier 2 $11.17 (79)	Busch		
Tier3 $9.26 (66)	Natural Light	Milwaukee's Best	

Source : Derived from Maij Charlier, " Brewers' Price Cutting and Promotions Fail to put Much of a Head on Beer Sales," Wall Street Journal, July 15, 1993, p.B1

[그림 11-3] 미국 맥주시장의 가격-품질 사슬 사례

맥주시장뿐만 아니라 가구, 화장품, 의류, 전자기기 등 다양한 산업에서 값싼 브랜드, 아주 비싼 브랜드, 중간 브랜드 등을 발견할 수 있다.

한국증권시장에 참여하고 있는 브랜드들을 가격-품질 사슬 포지셔닝에 넣어보면 세 가지 시장에 각 회사들이 진입하여 있음을 알 수 있다. 삼성증권이나 대우증권을 이용하는 고객들은 비싼 수수료를 지불해야 하지만, 이 증권사들이 제공하는 투자정보서비스는 고급 정보라는 인식을 갖고 있다. 반면에 인터넷상의 홈트레이딩 사이트만을 운영하는 회사들은 낮은 수수료에 온라인 서비스를 제공하고 있을 뿐이다.

중국시장은 사회계층과 관련 있는 가격-품질 사슬을 갖고 있다. 한 끼 국수를 파는 매장도 최하위소득계층이 먹을 수 있는 곳부터, 회원제로 운영되는 고급 국수매장까지 발견할 수 있다. 소득분위로 구분되는 고객들은 자기 소득에 맞추어 낮은 품질-낮은 가격의 국수와 높은 품질-높은 가격의 국수를 선택할 수 있다.

이렇듯 가격–품질 사슬 포지셔닝은 마케터에게 '고객이 느끼는 품질'이라는 화두를 제공한다. 품질의 구성요소에 해당하는 제품/시스템, 유통망, 광고와 이에 걸 맞는 가격을 도모함으로써 현재 우리기업은 적절한 마케팅 믹스를 고객들에게 제공하고 있는가 하는 의문을 끊임없이 마케터에게 던져주는 좋은 도구이다. 창업자에게는 과연 어느 가격–품질 사슬 포지셔닝에 들어가야 하는가라는 화두를 제공하게 된다.

낮은 품질에 낮은 가격을 제공하는 이코노미시장에 진입하는 경우, 매출회전율이 아주 높아야 시장에서 성공할 수 있다. 고급품질의 높은 가격을 제공하는 프리미엄시장에 진입하는 경우에는 낮은 회전율 대신 높은 마진을 보장할 수 있어야 한다.

만약 창업자는 제품카테고리 단가가 낮고, 한 번 구매하고 재구매할 때까지의 간격이 짧은 경우 고회전 저마진 전술을 선택하는 이코노미 시장에 들어가야 하고, 그 반대의 경우에는 프리미엄 시장에 들어가는 것이 유리하다.

독자의 창업아이디어 제품을 적어보자.

귀하의 제품은 가격–가치 사슬 중 어느 세분시장에 들어가야 하는가?

그 이유를 구매 간 간격과 제품카테고리 가격의 수준을 이용하여 설명하라.

그런데 산업의 실무자들에게 이 [그림 11－2]를 보여주면, 자기가 속한 시장을 상상하면서 이 그림에 동의하는 사람과 동의하지 않는 사람이 나오는 것을 쉽게 발견하게 된다. 그 이유는 시장이 시간이 지남에 따라 변화하기 때문이거나, 아직 세분시장이 만들어지지 않은 상태이기 때문인 경우가 있다.

아직 프리미엄 시장이 만들어지지 않은 시장이 있다. 역사가 오래된 편에 속하는 라면 시장조차도 최근에서야 프리미엄 라면이 출시되며 프리미엄시장이 형성되었다. 시장통에서나 볼 수 있었던 만둣집도 해외의 교자전문점이 한국에 들어오면서 프리미엄 시장을 만들었다.

한편, 시장의 변화로 인해 세분시장이 보이지 않는 경우가 있는데, 이 때 보이지 않는 시장기회를 잘 살필 수 있는 것이 소매의 수레바퀴이다.

(2) 소매의 수레바퀴(wheel of retailing)

우리는 혁신적인 서비스나 제품/유통망이 소개되면, 이후에 해당 시장에 진입하는 경쟁사는 그 보다 조금 더 나은 차별점을 부각시키면서 그 시장에 참여하는 것을 목격하게 된다. 이런 행동에 대한 반응으로 경쟁사나 기존 경쟁사는 더 나은 가치를 주는 서비스나 제품을 추가하여 경쟁하면서 가격을 올리는 모습을 볼 수 있다. 이렇게 서로 서비스나 제품 등을 추가하고 가격을 올리다 보면, 갑자기 아주 싼 가격에 기본적인 서비스만을 제공하는 경쟁사가 새롭게 진입하여 기존 경쟁사들이 남겨둔 시장을 차지하는 모습을 본다. 그 이후에는 새로운 시장진입자에 대항해서 새로운 경쟁자가 이와 비슷하지만 조금 더 나은 서비스로 시장에 진입하는 이런 현상이 반복되게 된다. 꼬리물기와 같은 이런 현상을 경영학에서는 소매의 수레바퀴(wheel of retailing)라 부른다. [그림 11－4]는 이런 일반적인 현상을 보여주고 있다.

[그림 11－4]와 같은 현상을 이용하여 시장기회를 잡으려면 해당산업에 존재하는 시장참여자들의 행동을 그림으로 잘 정리해 보면 된다. [그림 11－5]를 보면 1950년대 최초로 신용카드업에 진출한 다이너스 클럽(Diners Club)의 혁신제품에 대한 경쟁사의 서비스추가사항 등 경쟁형태의 변화를 잘 목격할 수 있다. 신용카드 산업에서는 이렇게 서비스가 추가되는 현상이 계속되고 있고, 반대로 신용카드 수수료를 적게 받으면서도 오히려 서비스 종류를 감소시키는 카드도 등장하고 있다.

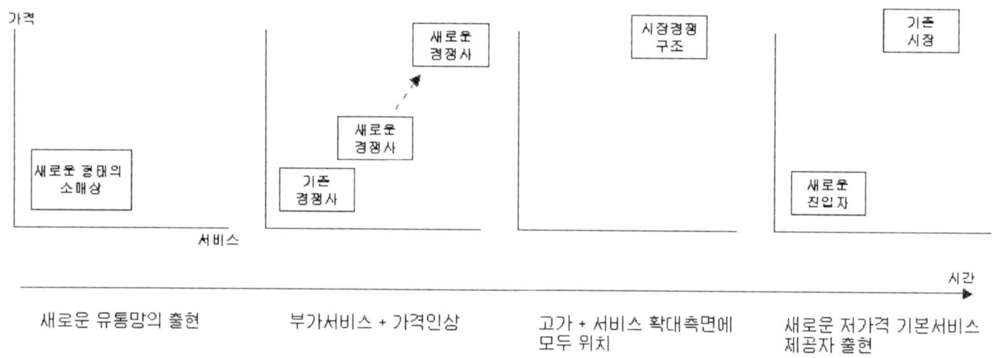

[그림 11-4] 소매의 수레바퀴(wheel of retailing)의 일반적인 현상

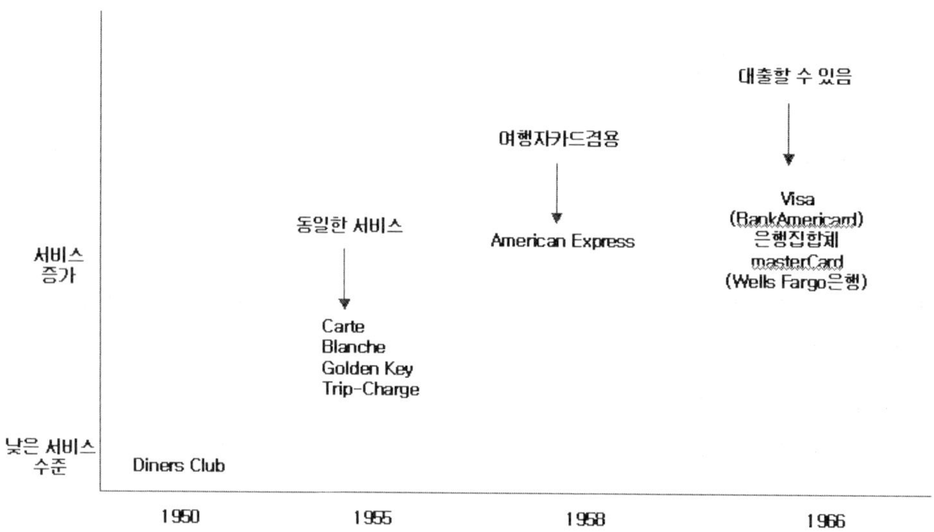

[그림 11-5] 미국 1950년에서 1966까지의 신용카드업의 변화

우리나라 이동전화기 시장에서도 소매의 수레바퀴현상을 찾아볼 수 있다. 스마트폰 화면의 질, 크기, 기능, 디자인 등에서 혁신성, 우수성으로 차별화 된 제품으로 경쟁할 때 어느 순간 한 제조사가 복잡한 기능을 없앤 저가 전화기를 출시한 경우가 이에 해당한다.

독자의 창업아이디어 제품을 적어보자.

귀하의 경쟁사가 제공하는 서비스가 충분히 많다고 생각하는가?

지금 경쟁자가 제공하는 서비스를 축소하고 가격을 대폭적으로 낮추는 것이 가능한가?

2 ▸▸ 가격 대비 품질을 경쟁사와 견주어 제공하기

가격은 언제나 핵심가치가 될 수 있다. 창업자는 경쟁상품/서비스의 가격에 대비하여 자기 기업의 제품/서비스 품질이나 가격을 어떻게 정해야 하는지에 대해 아래 5가지 중 하나를 선택해야 한다.

가격수준 (높고 낮음)

목표시장에 적절한 가격수준인가요?
제품품질 대비 적절한 가격수준인가요?
아래 다섯 사례 중 어디에 속하나?

More for More: 우수한 품질을 경쟁자보다 비싸게

More for the Same: 우수한 품질을 같은 가격으로

The same for Less: 동일한 품질을 경쟁자보다 싸게

Less for Much Less: 약간 낮은 품질을 아주 싼 가격에

More for Less: 우수한 품질을 경쟁자보다 싸게

[그림 11-6] 경쟁사 대비 가격 품질 비교

(1) More for More

우수한 품질의 상품/서비스를 경쟁사보다 비싸게 제공하는 기회를 말한다. 예를 들면, 스타벅스나 커피빈처럼 강력한 브랜드가 득세한 시장에서 스타벅스보다 더 높은 가격으로 프리미엄 커피를 판매하는 경우를 말한다. 여러분은 바리스타가 제조 판매한다고 광고하는 많은 독립 커피전문매장을 발견할 수 있을 것이다.

아래는 More for More의 사례를 보여주는 제품이다.

- 벤츠 자동차
- 몽블랑 만년필
- 구찌 의류
- 하겐다즈 아이스크림

(2) More for the same

우수한 품질의 상품을 경쟁사와 동일한 가격에 판매하는 경우를 말한다. 더치커피나 외국지역의 특화된 커피를 스타벅스와 동일한 가격에 판매하는 매장을 창업하는 것을 말한다.

미국에 진출한 토요타의 렉서스는 이런 전략을 사용하였다. 미국산 자동차보다 훨씬 품질이 좋지만 거의 동일한 가격을 고객에게 제시함으로써 미국시장에 성공적으로 진입하였다.

(3) The same for less

동일한 품질의 상품을 경쟁사보다 낮은 가격으로 판매하는 경우를 말한다. 우리나라의 이디야 커피는 다른 유명브랜드와 비슷한 품질의 커피를 제공하지만 현저하게 가격이 낮기 때문에 전국에 많은 가맹점을 설치할 수 있었다. 중국의 샤오미는 기존제품과 같은 수준의 품질을 가졌으나 매우 낮은 가격의 스마트폰 충전기를 출시하여 판매량뿐만 아니라 브랜드 인지도까지 상승시키는 데 성공하였다.

- ▸ 동일한 제품을 오프라인 매장이 아닌 인터넷 상에서 판매를 하는 경우
- ▸ 할인 매장
- ▸ outlet에서 판매하는 경우

(4) Less for Much Less

낮은 품질의 상품을 경쟁사보다 아주 싸게 판매하는 경우를 말한다. 최근 백종원씨가 가맹점 사업을 하는 '빽다방'이라는 커피전문점 브랜드가 이런 전략을 선택한 것이다. 다이소 매장에서도 이런 제품을 발견할 수 있으며, 우리나라의 천원샵, 일본의 100엔샵 등이 이에 속한다.

(5) More for Less

좋은 품질의 상품을 경쟁사보다 싸게 판매하는 경우를 말한다. 경쟁이 치열하지 않은 틈을 타 시장점유율을 높일 목적으로 신규제품을 출시하는 경우나 카테고리킬러들이 바로 이런 전략을 사용한다.

창업자가 판매하려는 제품/서비스가 이미 시장에 출시되어 있는 상품이라면, 위에서 제기한 다섯가지 가격 품질 전략 중 어느 것을 선택하겠는가?

그 이유는?

3 ▶▶ 참고문헌

- 곽영식(2015), 창업자를 위한 비즈니스모델 개발 템플릿, 서울: 피앤씨미디어.
- Dolan, R. and Simon, H.(1997), Power Pricing: How Managing Price Transforms the Bottom Line, The Free Press.

제12장

비용구조에서 창업아이템 찾기

제품차별화가 쉽지 않다면, 경쟁사와 동일한 수준의 제품/서비스를 동일한 가격이나 낮은 가격에 판매하여 창업할 수 있다. 비용을 낮출 수 있다면 말이다. 이 장에서는 비용을 고정비와 변동비로 나누고, 창업자의 비용구조를 분석할 수 있는 간단한 틀을 제공함으로써 무리한 창업을 막는데 그 목적이 있다.

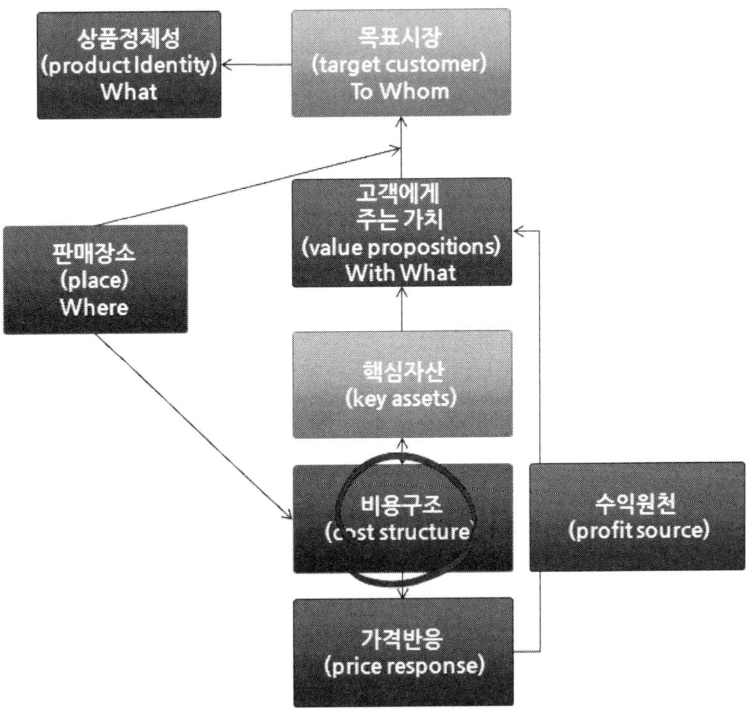

[그림 12-1] 비즈니스모델 중 비용구조

1 ▶▶ 변동비와 고정비란

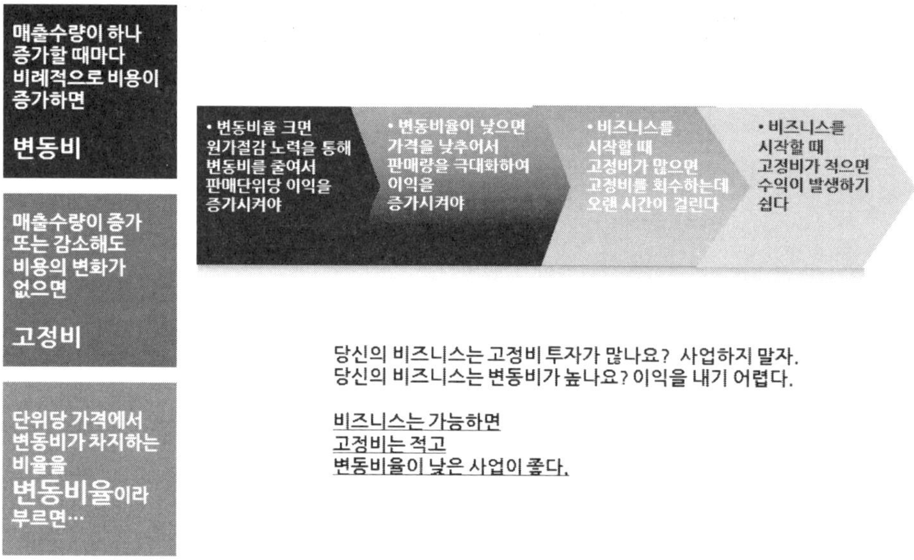

[그림 12-2] 변동비와 고정비 분류

창업자는 비즈니스를 수행하기 위해 필요한 비용관련 이슈를 아래와 같이 정리해 볼 필요가 있다.

첫째, 비용의 종류를 구분한다. 고정비와 변동비로 자신의 비즈니스 수행비용을 분류해 보아야 한다. 고정비란 판매량이나 생산량과 관계없이 발생하는 비용을 말한다. 건물임대료나 전기요금, 인건비 등이 대표적이다. 변동비는 판매량이나 생산량이 변화할 때 함께 변화하는 것이다. 비행기에 승객이 많을수록 기내식에 들어가는 비용이 증가한다. 그러므로 항공사의 기내식 재료비는 변동비이다.

독자의 창업아이디어 제품을 적어보자.

이 사업을 하기 위해 들어가는 비용을 나열해 보자.

독자가 관심 있어 하는 제품을 가지고 사업을 할 때 발생하는 비용을 고정비와 변동비로 나누어 분류해보자.

둘째, 고정비 중 가장 많이 비용이 들어가는 것이 무엇인지를 파악하자. 창업자마다 독특하게 많이 들어가는 고정비가 존재할 것이다.

셋째, 비즈니스의 핵심자원을 획득하기 위해 필요한 고정비가 얼마인지 확인하자. 아래 빈 칸에 적어보자.

넷째, 핵심과업을 수행하기 위해 변동비가 어떤 수준이고 어떻게 시간이 흐름에 따라 변화하는 지를 추적해야 한다. 생산량과 판매량이 증가하거나 감소할 때 얼마나 변동비가 증가 또는 감소하는 지 적어보자.

2 ▸▸ 창업아이템 비용구조 분석하기

[그림 12-3]은 고정비의 고저, 변동비의 고저에 따른 성공확률을 간단히 그림으로 나타낸 것이다.

	고정비 낮다	고정비 높다
변동비 높다	• 판매마진이 적다 • 고정비 회수 기간이 다소 짧다 • 성공할 가능성이 판매수량에 따라 달라진다	• 판매마진이 적다 • 고정비 회수 기간이 길다 • 성공할 가능성이 아주 적다
변동비 낮다	• 판매마진이 높다 • 고정비 회수 기간이 짧다 • 성공할 가능성이 높다	• 판매마진이 높다 • 고정비 회수 기간이 다소 길다 • 성공할 가능성이 고정비 회수기간에 달려있다

[그림 12-3] 고정비와 변동비 구조와 성공확률에 대한 간단한 비교

귀하의 창업아이템의 고정비와 변동비 구조는 [그림 12-3]의 어느 곳에 속하는가?

성공확률이 낮은 곳에 비용구조가 있다면, 어떻게 변동비를 낮추고 고정비를 낮출 지를 적어보자.

3 ▸▸ 참고문헌

► 곽영식(2015), 창업자를 위한 비즈니스모델 개발 템플릿, 서울: 피앤씨미디어.

제13장 창업아이템 종합

: 보여주는 것을 보는 것에서 보고 싶은 것을 찾아보는 TV로 진화

이 장에서는 TV의 역사를 예로 들면서 신제품이 어떻게 진화하고, 고객가치가 어떻게 변화하였는지를 보여준다. 마지막으로 새로운 TV의 모습을 상상해보는 연습을 해 본다.

1 ▸▸ 우리의 일상인 TV시청과 TV역사

TV방송이 1929년 BBC에서 시작된 이래로 불과 90년 사이에 TV제품과 TV방송은 우리의 일상에 있어 많은 시간을 소비하는 대상이 되었다. 2010년 미국인은 매주 평균 13시간 정도 TV를 시청하는 것으로 나타났다(헤럴드 경제, 2010). 1년이 52주이므로 매년 평균 676시간을 TV시청을 하는 셈이다. 한국 사람의 시청시간이 이와 비슷하다면 평생 몇 년간 TV를 시청하는 것일까? 한국인의 평균 수명을 80년으로 할 때, 평생 54,080시간동안 TV를 시청하는 셈이다. 이것을 연수로 환산하면 대략 6.2년이므로, 80년을 살면서 20년은 잠을 자고, 나머지 60년 중 10%인 6년은 TV를 시청하는 셈이다. TV가 얼마나 우리 인생에 중요한 부분인지 알 수 있지 않은가?

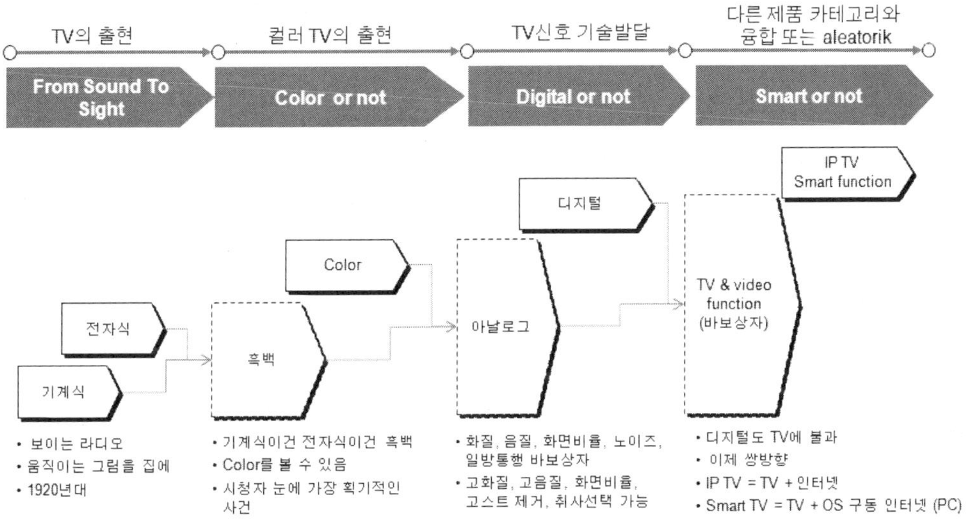

1

[그림 13-1] TV의 역사

TV방송의 역사는 크게 네 단계로 나누어 설명할 수 있는데, 이 단계를 통해 TV프로그램이 시청자를 만족하기 위해 얼마나 많은 변화를 이루어왔는지를 보여주고자 한다. TV역사의 첫 번째 단계는 '보이는 라디오'의 단계이다. 기존의 라디오는 들리기만 했다. 하지만 멀리 떨어져 있는 공간에서 생산된 음악이나 드라마 연극을 우리 안방에서 볼 수 있게 된 것이다. 그 때 사람들은 얼마나 놀랐을까? 눈 앞에 형태(shape)를 가진 것들이 마구 움직이면서 소리를 내기도 하는 것을 처음 본 사람들이 말이다.

두 번째 단계는 컬러TV의 등장이다. 일반 사람들은 color로 사물을 본다. 인터넷 TV가 나오기 전에 TV역사에 가장 획기적인 사건은 바로 컬러TV가 출현한 것이다. 사람들은 처음으로 보는 color TV앞에서 신기함을 감추지 못했다. 그 여파로 색조기능이 있는 화장품산업의 매출이 덩달아 높아지게 된다. 미국에서도 컬러TV가 나왔을 때, 미국 Arizona 주의 어느 모텔 홍보 간판에는 "이 모텔에는 컬러TV가 설치되어 있음"이라고 멋지게 씌어있기도 했다.

세 번째 단계는 디지털 TV이다. 몰라보게 화질과 음질이 좋아지고, 등장인물의 얼굴이 기존 TV에서처럼 왜곡되어 보이지지 않으며, 시청자가 마음만 먹으면 화면을 되돌려 볼 수 있게 된 것이다.

네 번째 단계는 TV가 다른 가전이나 전자제품과 결합(융합 또는 aleatorik)한 것이다. 초기에는 IP TV라고 하는, 인터넷이 되는 TV가 출시되었고, 최근에는 OS가 구동되는 smart

TV가 출시되어 TV가 스마트폰의 역할을 하게 되었다. TV바탕화면에 있는 어플리케이션으로 인터넷 검색뿐만 아니라, 온라인에서의 제품검색 및 쇼핑이 가능하다. 스마트폰을 들고 다닐 때 할 수 있는 모든 것을 집에서 TV를 보면서 하게 된 것이다. 완벽하게 contents가 달라졌다. 이제 TV는 더 이상 바보상자가 아니다. 똑똑한 상자가 되었다.

이제 이 네 단계를 하나씩 하나씩 자세히 살펴보면서, TV가 무엇을 dressing하고, 무엇을 stripping하고, 어떻게 contents의 변화를 가져오고, 다른 제품카테고리와 aleatorik을 했는지 확인해 보자.

2 ▸▸ 아날로그 TV의 출현(TV가 발명되어 움직이는 영상을 볼 수 있게 되다)

TV가 되기 위해서는 소리와 움직이는 재생이 필요했다. 이 과정을 [그림 13-2]로 표시했다.

1873년에 최초로 세레늄(selenium)에서 광전효과(Photoconductive Effect)가 발견되어, 사람들은 전압이 걸리면 빛이 나오는 원리를 알게 되었다. 1884년에는 'Nipko's Disc'로 알려진 Disc의 중앙을 향해 나선형의 구멍을 내고 회전시켰다. 이 구멍을 통과한 빛을 세레늄 광전지로 센싱했다. 이를 받아들이는 수신단에서는 동일하게 원판을 회전시켜 가로 주사선 10여 줄로 화상의 재생이 완성되었다. 즉, 물체의 상을 연속적으로 잡아내는데 성공하였다. 이제 움직이는 모습을 재현할 수 있게 된 것이다. 단순히 빛을 내는 금속을 찾은 단계에서 형태(shape)를 갖추는 단계로 발전하였으며, 여기에 움직임(movement)을 더하는 기술(dressing)이 완성된 것이다.

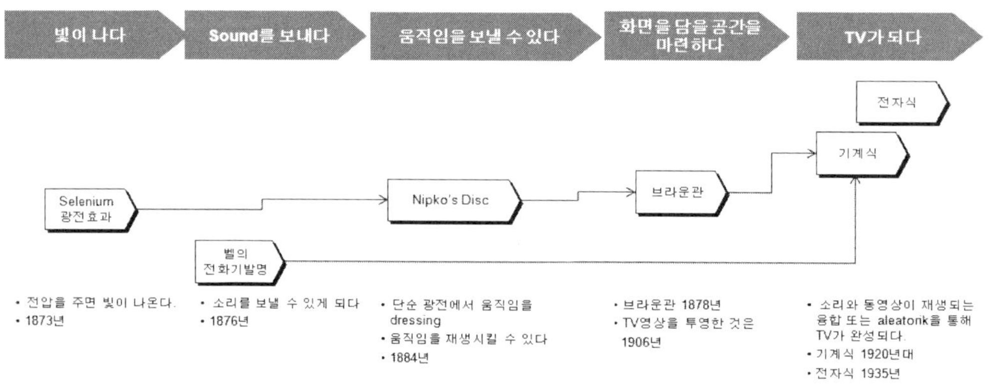

[그림 13-2] TV가 발명되기 까지 과정

이제 대량생산이 가능한 상태에서 위의 재생 움직임을 담을 그릇이 필요하게 되었다. 1897년에 독일의 브라운(Karl Ferdinand Braun: 1850~1918)이 발명한 음극선관(브라운관 또는 CRT)이 그 기능을 하게 되었다. 1915년경부터 실용화된 브라운관에는 고진공관형과 가스 주입형의 두 가지가 있는데, TV용으로는 전자가 사용되고 있다. 브라운관에 TV의 영상을 투영하는 것을 고안한 것은 1906년 러시아 사람인 로징(Boris Rosing)이 최초였다고 전해지는데, 실제로 현재의 전전자식(全電子式) TV영상을 발명한 것은 미국의 지보리킨(Vladimir Kosma Zworykin)박사와 일본의 다카야나기 겐지로였다(네이버 2011).

그리고, 1924년과 1925년에 John Logie Baird 등이 Nipko's Disc'를 이용한 최초의 방송시스템을 개발했다. 1929년에 처음으로 영국의 BBC방송이 텔레비전 방송을 시작하였다. 베어드의 주사 방식은 기계식이었다. 이러한 원판식 주사대신에 렌즈와 거울을 이용하여 주사하는 기술도 개발되었으며, 기계식 주사를 이용한 TV는 1930년대 말까지 실제 방송까지 되면서 계속적으로 발전하였다.

이 중간에 벨이 발명한 소리전달 기술이 TV에 채택되어(dressing 또는 융합, aleatorik) TV에 소리가 들어가게 된다.

이렇게 TV가 완성되기 까지는 단순한 빛에서 shape가 움직이는 dressing기술이 필요했고, 이를 담을 수 있는 공간인 브라운관이 결합(aleatorik)되었으며, 여기에 소리를 전달하는 기술이 융합하여 기계식 TV가 완성되었다.

이 기계적인 방송시스템은 1935년경 Farnsworth와 Zworykin이 Iconoscope camera tube를 이용한, 전자화 된 방송시스템을 이용해 간간히 방송하기 시작할 때까지 주로 사용되었다. 일반 시청자들은 1938년에 개발된 오르시콘(Orthicon) tube를 이용해 1940년에 첫 상업 TV를 시청할 수 있게 된다.

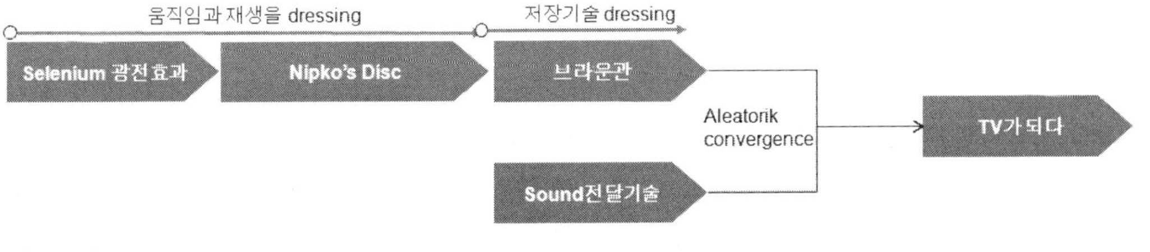

[그림 13-3] TV가 완성되기 까지의 dressing과 aleatorik

그렇다면, 한국에서 TV생산은 언제부터 시작되었을까? 금성사는 일본의 히다치와 제휴하여 1966년 8월 1일 국내 최초의 텔레비전수상기를 시장에 내놓았으며, 1967년에 동남전기

공업주식회사는 일본회사와, 한국마벨주식회사는 RCA와 기술제휴하여 수상기를 생산하였다. 수상기의 형식도 1969년부터 진공관식에서 트랜지스터식으로 바뀌고, 1974년에는 생산업체가 13개 사로 늘어났으며, 연생산규모도 100만 대를 돌파하였다. 우리 나라 최초의 흑백 TV인 금성사의 'VD-191'은 공급이 수요를 따르지 못해 KBS에서 공개 추첨을 해 월부로 공급하는 인기 만점의 제품이었다고 한다(네이버 2011).

[그림 13-4] 1966년에 출시된 금성사의 흑백TV (출처: LG전자 홈페이지)

3 ▶▶ TV가 색상을 입다

(1) TV가 색상을 dressing하다

컬러 TV를 만드는 생산자의 눈은 오직 기술에 초점을 맞출 것이다. 가령, 미국 RCA의 1953년 NTSC 방식, 1967년 영국과 독일의 PAL 방식, 1967년 프랑스에서 개발한 SECAM 방식의 컬러방송과 같은 제작방식 등과 같은 기술이 생산자에게는 중요하게 여겨진다.

또한 기술자들에게는 표준문제도 중요하다. 또는 1951년에 RCA에서 3본의 전자총 사용방식(이들을 샤도우 마스크를 통해 적·녹·청의 형광체를 보여주는 CRT기술)을 개발, 이것이 컬러 TV의 표준이 되었다는 사실 등이 관심사가 될 것이다.

하지만 컬러 TV의 개발단계를 연도별로 설명하거나 컬러TV제작방식의 차이를 여기에서는 다루지 않는다. 1953년 최초의 컬러화 된 방송이 송출된 이후로, 이를 수신할 수 있는 컬러TV가 폭발적으로 보급되었다는 사실이 중요한 것이다. 그 만큼 시청자의 마음을 사로잡은 것이니 말이다.

고객의 눈에는 오직 흑백영상이 컬러로 바뀐 것이 엄청난 놀라움이었다. 사람들은 정보의 60－80%를 눈으로 받아들이기 때문이다. 그 전에는 TV하면 모두 흑백인데 컬러로 영상을 보게 되니, 보는 것이 모두 달라지고, 생각하는 것이 모두 달라지게 된 것이다. 그래서, 컬러 TV 내부에서 작동하는 각종 기술의 개발은 고객 눈에는 보이지 않기 때문에 고객입장에서는 상대적으로 중요한 것이 아닌 것이다.

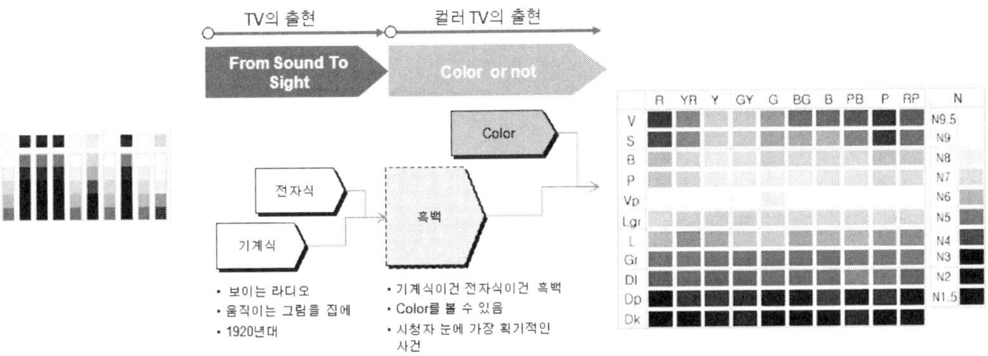

[그림 13-5] 흑백이 컬러가 되는 혁명을 만난 TV

독자들이 주목해야 하는 것은, 기술발전은 고객이 대상을 관찰하는 형태 — 색상 — 콘텐츠를 변경하는데 적합도가 높을 때만 시장에서 크게 채택 받고, 매출이 급상승한다는 점이다.

'흑백TV에 color를 dressing하자, 매출이 급성장하다'

우리나라의 경우에는 1972년 9월에 상공부가 컬러TV 생산계획을 발표하였다. 이에 아남산업은 일본 내셔널전기와 합작하여 처음으로 컬러텔레비전을 생산하였고, 이어서 금성사 등 각 회사들도 컬러 TV를 생산하게 되었다. 이 제품들은 주로 수출되었다. 컬러TV의 국내판매는 1980년 8월 1일부터 시작되었고, 1980년 12월 1일 컬러방송의 송출이 시작되었다. MBC는 그보다 22일 늦은 12월 22일부터 컬러방송 서비스를 시작했다. 1개월간의 시험방송기간을 거쳐 1981년 1월부터 정규방송으로 드라마를 포함하여 전 프로그램을 컬러로 제작, 방송을 개시했다.

(2) 컬러TV가 소리를 Dressing하다

그 후 음성다중방식시대로 돌입하여 1984년부터는 음성다중 컬러텔레비전이 국내에서 본격적으로 생산되었다. 이 시기 이전에는 한국의 TV는 모노 사운드를 내 보내고 있었다. 이미 1961년에 세계최초로 라디오 방송에서 스테레오로 소리를 내보내고 있었다는 것을 감안하면, 라디오의 스테레오를 TV가 따라간 것이다. 소리를 모노에서 스테레오로 dressing한 것이다.

(3) 리모컨을 dressing하여, TV본체의 채널조작버튼을 stripping하다

1969년에는 초음파방식의 리모컨을 컬러TV에 사용하였다. 이 리모트 콘트롤러(remote controller)로 인해, 채널변경을 위해서 TV와 가까이 앉으려는 경쟁이 리모컨을 누가 잡느냐의 경쟁으로 삶의 변화가 일어나게 되었다. TV본체 입장에서는 채널변경장치가 본체에 부착되어 있던 것이, 연결장치가 stripping되어 무선화 되었다는 것으로 볼 수 있다.

(4) TV가 옆으로 1인치 넓어지다

흑백에서 컬러로 온 이후에도 형태의 변화가 발생한 적이 있다. 바로 옆으로 1인치 넓은 화면을 가진 TV의 등장이다. 가로길이가 길어져서 기존의 것보다 가로 세로 비율에서 차이가 나는 TV가 개발 판매되었다. 형태(shape)의 변화를 통해 신제품을 창출한 사례이다.

(5) TV가 노래방을 만나다

1980년대 중반에 우리나라의 전역에 걸쳐 노래방이라는 업태가 소개되어 인기를 끌게 되었다. 이에 맞추어 TV와 노래방기기가 결합한 TV가 출시되었다. 노래방기기라는 제품카테고리와 TV가 융합한 aleatorik제품이다.

(6) 비디오를 합친 TV가 등장하다

삼성전자가 1980년에 출시한 VHS방식의 비디오 레코드를 TV본체에 합친 TV가 출시되어 판매되었다. 비디오라는 제품카테고리와 TV라는 제품카테고리가 만난 aleatorik제품이다.

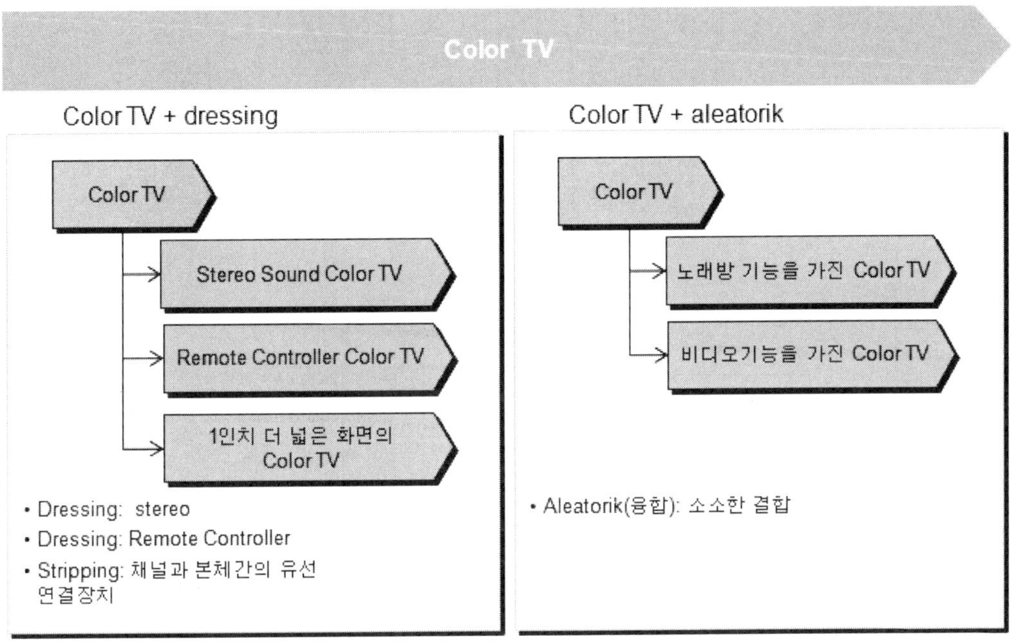

[그림 13-6] TV가 드디어 다른 제품카테고리를 만나다.

기존의 TV 발전은 TV자체의 기능향상을 접목시킨 신제품이었다. 하지만 이 노래방 기기와 비디오 TV는 TV가 다른 제품카테고리와 결합을 통해 신제품을 만들려는 최초의 시도였다는 특징을 보여준다. 하지만 노래방TV나 비디오TV는 큰 매출을 발생시키지 못하는 소소한 융합제품이었다.

4 ▸▸ TV가 디지털화 되다

TV역사의 두 번째 혁명은 TV신호 기술의 혁명적 발전이다. 아날로그 방식의 TV신호 전송기술이 디지털로 변화한 것이다. 시청자들은 완전히 다른 소리와 화질의 TV를 만끽하게 되었다.

아날로그 TV와 디지털 TV와의 차이를 알아보자. 송신탑에서 TV신호를 쏘는 신호는 아날로그 신호이다. 화면의 밝기를 진폭의 크기로 변화시켜 송신탑에서 지역에 그대로 전송한다. 그러면, 안테나, 전파수신기 등을 통해 TV는 이것을 받아, 화면을 구성하는 판에 주사(쏘기)를 하면서 진폭에 비례하는 밝기를 화면에 표시한다. 이러한 아날로그 TV의 한계점을 정리해 보자. 그리고 그의 대안인 디지털 TV와 비교해 보자.

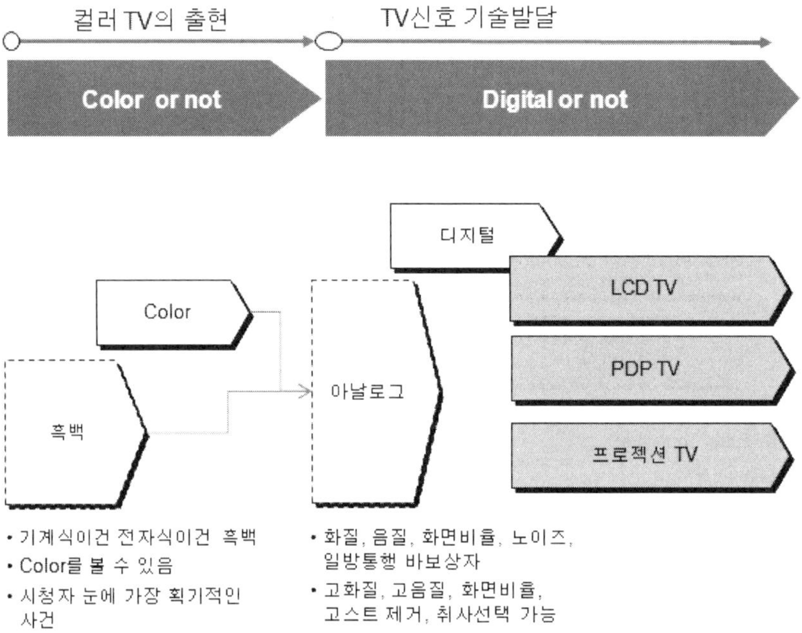

[그림 13-7] 디지털 혁명이 TV를 개혁하다.

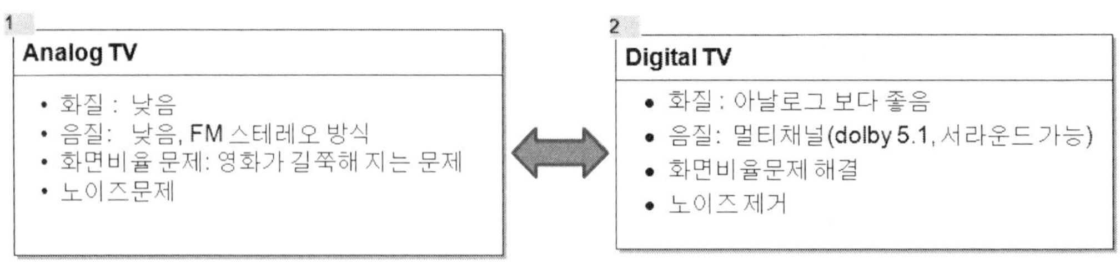

[그림 13-8] 아날로그 TV와 디지털 TV의 차이점

먼저 화질문제이다. 1990년대 이전까지의 시청자들은 Computer의 모니터나 CD, DVD 등에서 보여지는 고화질의 영상을 보고 TV화질과의 차이점을 느끼게 된다. 아날로그 TV 의 경우 한 개의 채널이 갖는 대역폭은 6Mhz로 정해져 있다. 고화질로 보기 위해서는 적어도 20~30Mhz의 대역폭이 필요하다. 하지만 NTSC 및 PAL방식으로 대표되는 Analog TV는 이런 대역폭을 만들 수 없게 된다. 그래서 높은 화질의 영상을 기대하기 어렵다. 이를 극복하기 위해 고화질 신호를 압축시켜 디지털로 보내고, 수신기는 이를 받아 원래의 신호로 환원시

켜주는 방식을 채택하였는데 이것이 디지털 TV이다.

즉, 아날로그 TV에서 디지털 TV로 전환되는 근본적인 차이는 신호의 원천이 디지털이냐 아니냐의 차이이다. 이와 같은 신호 차이로 인해 고화질의 컬러TV가 가능하게 된다. 기존 아날로그TV에서는 실질적인 고화질이 불가능하므로, 개별 제품을 광고할 때 '고화질급'이라는 용어, '급'이라는 말을 쓰게 된다. 이렇게 고화질은 아닌데, 고화질급이라는 용어로 과장하여 광고한 기업의 광고도 있었다.

[그림 13-9] 고화질급임을 자랑하던 삼성의 아날로그 평면TV 광고

두 번째 장점은 완전히 다른 소리를 들려줄 수 있다는 것이다. 전통적인 아날로그 TV에서의 가장 분명한 한계적인 요소는 음향효과이다. 맨 처음 모노에서 스테레오로 소리를 제공하는 것도 많은 발전으로 여겨졌다. 하지만 단지 두개의 스피커를 지원하는 FM스테레오 방식은 CD음질에 익숙해진 소비자들에게 점차 외면받을 수 밖에 없었다. 하지만, 디지털TV는 음성신호도 압축시켜 보낼 수 있으므로 DOLBY DIGITAL 5.1과 같은 멀티채널로 서라운드 음향까지도 즐길 수 있게 된다.

디지털TV의 세 번째 장점은 고스트현상이 없다는 것이다. 고스트 현상이란 안테나 주변에 큰 빌딩이나 산이 있는 경우, 아날로그 TV의 경우에는 직접 들어오는 전파와 반사되어 들어오는 전파 간 시간지연 때문에 윤곽 오른쪽에 희미한 또 다른 상이 맺히는 현상을 말한다. 그래서 아날로그 TV를 그나마 깨끗하게 시청하려면 감도가 좋은 안테나가 필수적으로 필요했다. 하지만 디지털TV는 TV신호를 보내고 나서 이를 복원하는 비율이 Analog방식의 시그널 복원률 보다 훨씬 높기 때문에 "Ghost현상"이라고 불리우는 노이즈를 현격히 줄일 수 있다.

마지막으로 TV가 '바보상자'에서 벗어나는 기초를 제공한다는 점이다. 아날로그 TV는 단지 방송국에서 송출하는 프로그램만 볼 수 있다는 한계가 있다. 그래서 인기 드라마를 할 때면 시내가 한가해 지는 현상이 발생하기도 한다. '모래시계'라는 드라마를 기억하는 사람들이 있을 것이다. 본방을 사수하는 것이 필수였다. 하지만, 디지털 신호로 TV를 구현하게 되면서부터 원하는 프로그램을 원하는 시간에 볼 수 있는 기회를 갖게 되었다.

디지털TV는 방송국에서 송신하는 아날로그신호를 디지털로 변환시키는 IC칩을 통해 잡음이 없는 깨끗한 화질을 보장해주는 TV이다. 이 밖에 화면에서 2개 이상의 프로그램을 볼 수도 있고, 순간 멈춤, 지나간 화면의 재생 등 다양한 기능으로 점점 진화할 수 있었다.

디지털 TV영상이 구현되는 화면재료가 다양해졌다. 프로젝션 TV, LCD TV, PDP TV등이 대표적이다. 이는 기존 CRT를 대체하는 신제품으로 이해될 수 있다. 혁명적인 신제품(revolutionary product)이기 보다는 개량적인(evolutionary product)것이다. 가령 프로젝션 TV는 기존 TV에 비해 형태측면에서 큰 size를 구현하게 되었다. LCD TV등은 TV를 옆에서 보았을 때 얇아졌기 때문에 형태측면에서 기존 CRT TV에 비해 시각적인 효과가 두드러지게 된다.

5 ▶▶ 드디어 TV가 완벽히 다른 제품과 융합(aleatorik)하다. 인터넷을 만난 IP TV

어느 블로거가 "Nipko's Disc"에서부터 1950년대에 이르기까지 일반 소비자가 느낄 수 있었던 가장 명확한 혁명적인 변화로 흑백방송시스템에서 컬러방송시스템으로의 변화를 지적한 바 있다. 이 혁명에 걸맞는 사건이 바로 IP TV의 등장이다.

IP TV(Internet Protocol Television)는 TV가 PC처럼 IP(인터넷에서 사용하는 각자의 PC마다 주어지는 주소)를 가지고 이를 이용해 네트워크에 접속하여 원하는 정보를 얻을 수 있는 TV를 말한다. 한마디로 방송이 통신과 결합한 것이다.

초고속 인터넷망을 이용하여 방송국과 집안의 TV가 서로 양방향으로 소통하는 텔레비전 서비스이다. '바보상자'를 통해 일반 케이블 방송이나 공중파 방송이 제공하는 프로그램을 일방적으로 보고 있는 것이 아니라, 시청자가 자신이 편리한 시간에 보고 싶은 프로그램만을 선택하여 볼 수 있다는 점이 가장 큰 다른 점이다. 이제 바보상자라는 말은 없어지게 될 지도 모른다.

또한 인터넷과 텔레비전뿐만 아니라, 전화와 방송을 결합한 상품이 제시되면서 시장규모가 크게 확대되고 있다. 즉, 돈은 한 번에 내고, 집안에 인터넷 전화를 두고, 인터넷 TV로는 방송을 보고, TV로 VOD를 통해 자신이 원하는 프로그램을 찾아보게 되며, 핸드폰도 사용하게 된 것이다.

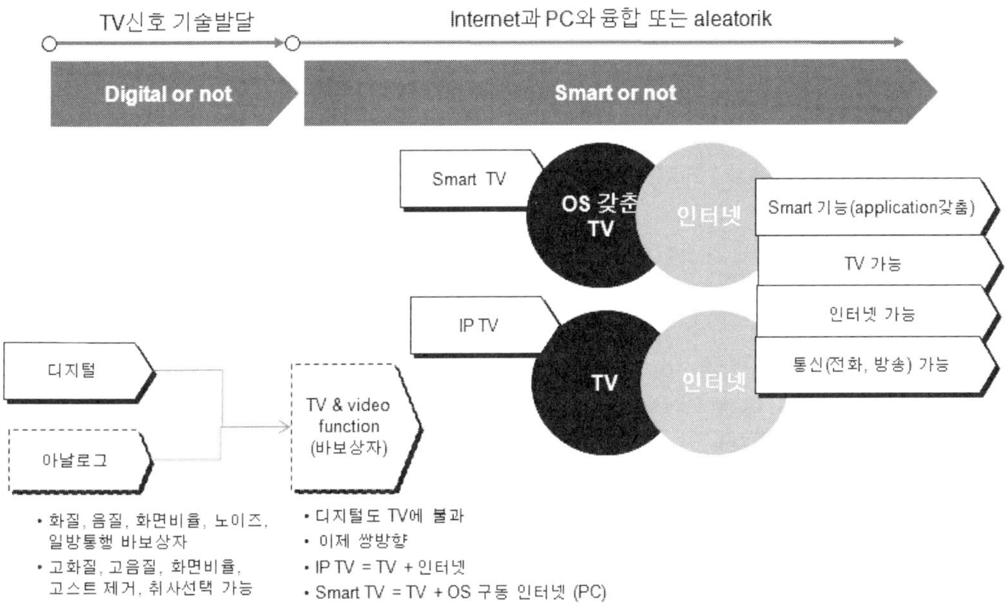

[그림 13-10] TV가 인터넷이나 PC와 결합하다.

6 ▸▸ 컴퓨터가 된 TV: smart TV

최근 대부분의 사람들이 휴대용 전화기에 PC의 기능을 결합한 smart phone을 사용하고 있다. 이의 연장선상에서 인터넷 TV자체가 스스로 OS를 갖추어서 smart 기능을 하게 되는 것이 smart TV이다. smart phone이 들고 다니면서 소통도 하고 즐기는 것이라면, smart TV는 집 안에 앉아서 소통도 하고 즐기는 것이다.

스마트TV를 판매하는 어느 회사의 홍보 문건 중의 하나를 보자.

'삼성 스마트 TV에서는 삼성에서 자체적으로 운영하는 TV용 앱스토어를 통해서 다양하고 많은 어플과 컨텐츠를 이용할 수 있습니다. 최신영화와 영상들을 볼 수 있으며, 예를 들어 스카이프어플을 통해 대형화면으로 화상전화를 사용할 수도 있고 구글맵을 띄어 위치를 찾을 수도 있지요. ㅎ

이것들을 조그마한 스마트폰으로 하는 것 보다 삼성 스마트TV를 통해서 큰 화면으로 사용할 수 있다고 생각하니 정말 엄청난 기술의 발전이네요. ㅋ'

smart기능이 있으니, 스마트TV 역시 스마트폰과 마찬가지로 어플리케이션(application)을 설치할 수 있다. 전용 어플리케이션 스토어에서 사용자가 원하는 종류의 컨텐츠를 다운로드 받을 수 있다는 것이다. 소비자가 PC에서 즐기던 뉴스, 날씨, 증권, UCC등 온라인 컨텐츠를 TV화면으로 즐길 수 있게 된다. LG전자가 2011년 초반에 출시한 스마트 TV 인피니아라는 모델의 UI(user interface)를 보면 TV가 아닌 PC 화면 같다.

[그림 13-11] LG가 생산한 스마트TV의 UI

7 ▸▸ TV역사를 통한 미래 TV의 모습

지금까지 논의 된 4개의 큰 TV발전 단계에서 매출이 급상승한 곳을 찾아보자. 스마트 TV 출시 이전에 TV매출이 급상승한 것은 TV의 형태와 색상이 변화하였을 때이다.

TV가 단순한 빛의 광전효과에서 형태를 갖추어 발명된 이후에, 가장 큰 매출의 증가는 흑백TV가 컬러TV로 변화했을 때이다. 색상의 dressing이 매출을 촉발했다. 디지털혁명이 TV의 매출에 영향을 미치는 정도는 미비했다. 오히려 LCD 및 LED TV등이 출시되어 기존 CRT TV를 대체했을 때 매출은 또 한 번 상승했다. 형태(shape)가 달라졌을 때인 것이다.

이제 IP TV 및 smart TV가 출시되었다. TV역사에서 혁명적으로 다른 제품카테고리와의 융합(aleatorik)이 이루어진 경우는 이번이 처음이다. 완벽하게 contents가 달라졌다. 매출이 급상승할 것으로 예상된다. 즉, TV가 internet을 만나자마자, 곧바로 OS를 갖춘 PC를 만나 스마트TV가 되었다.

스마트TV 시장의 성장이 크게 기대되는 이유는 PC가 우리나라에 보급되기 시작한 1990년을 기준으로 20년이 지난 현재, 이 PC를 경험하며 자란 세대가 처음으로 자신의 TV를 구입할 시기가 도래했기 때문이다.

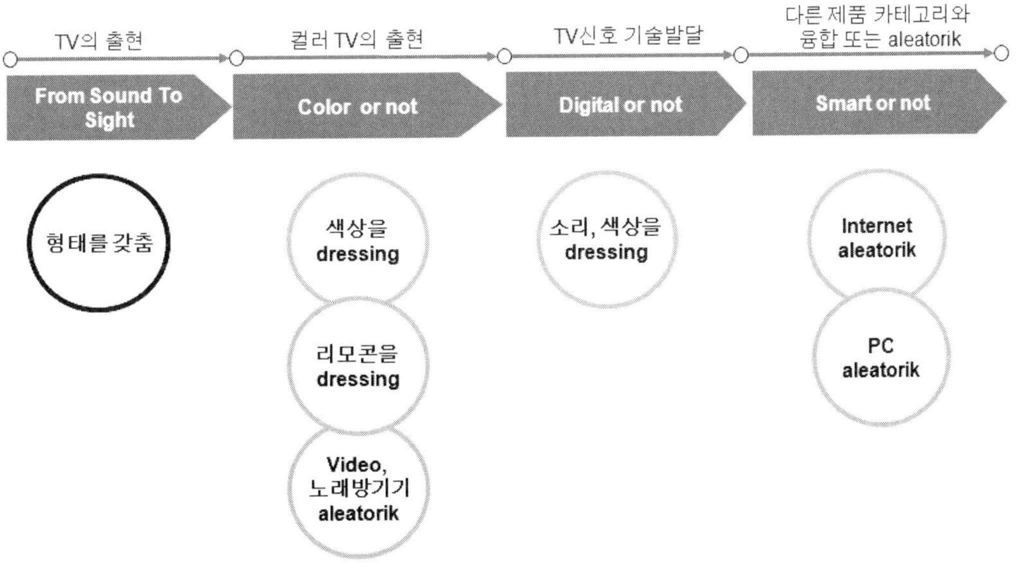

[그림 13-12] TV의 진화

전화기가 통신에서 PC를 만나 스마트폰이 된 이후에 매출이 급상승하는 모습이 발견되었다. 이 스마트폰이 집 안으로 들어 온 것이 스마트TV이다. 2010년 미국 국민이 하루에 소비하는 TV시청 시간과 internet소비 시간이 비슷하다는 연구결과를 보면, PC나 mobile phone이 갖지 않는 경쟁우위 요소를 TV가 갖추게 되면 TV가 PC나 mobile phone을 이기고 세상에 살아남을 수 있을 것으로 보인다.

그래서 미래 마케터들은 PC나 mobile phone가 갖지 못한

- ▸ 형태에 변화를 주는 노력,
- ▸ 색상에 변화를 주는 노력,
- ▸ 다른 제품 카테고리와의 융합(aleatorik)을 하는 노력을 통해

신제품을 개발해야 할 것으로 판단된다.

또는 PC의 입력장치나 mobile phone의 입력장치를 TV가 채택할 수도 있다. 음성으로 입력을 받는 TV나 모니터에 직접 touch로 입력이 가능한 TV가 나올 것이다. 아니면, TV와 떨어져 있는 상태에서 소파에 앉아 있다가 소파의 부분을 터치하면 화면이 감지하여 프로그램이 작동할 수도 있을 것이다. 최근 삼성전자가 IKEA, LG전자가 한샘, SK텔레콤이 리바트가구와 손잡고 가구와 가전을 융합시키려는 노력을 하고 있는 현상(데일리 한국, 2016. 1. 22.)이 이러한 예상을 강력하게 뒷받침 해준다.

8 ▸▸ 그레마스의 기호사각형으로 미래 제품 concept 만들기

제3장에서 다룬 그레마스의 기호사각형으로 미래제품을 설계해 보자. [그림 13-13]의 2번 국면을 채우는 것이다. 여기에는 스마트TV보다 더 똑똑한 TV를 상상하여 적어놓은 3가지 아이디어가 있다. 그 밖의 것은 독자들이 채워보자.

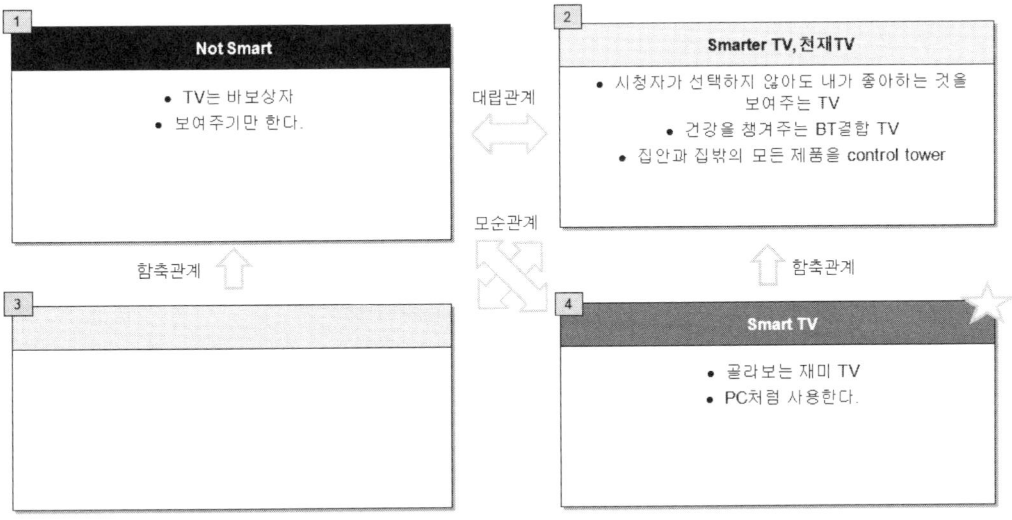

[그림 13-13] 그레마스의 기호사각형 모형으로 신제품만들기 연습

9 ▸▸ 참고문헌

- 헤럴드 경제(2010), 미국, TV보는 만큼 인터넷 한다. 2010. 12. 14.
- http://www.lge.co.kr/brand/infinia/showroom/smarttv/smartv.jsp?&src=naver_ccs&kw=018297
- http://europe.hannam.ac.kr/~songjun/00-1/sjmk/tv-drama/tvdrama.htm
- http://mrseo.tistory.com/647
- http://kin.naver.com/qna/detail.nhn?d1id=13&dirId=130102&docId=125049078&qb=VFbsnZgg7Jet7IKs&enc=utf8&section=kin&rank=7&search_sort=0&spq=0
- http://daily.hankooki.com/lpage/economy/201601/dh20160122183613138160.htm

[저자 약력]

남 윤 정

성균관대학교 대학원 경영학과 졸
전 XML기반기술 벤처기업 마케팅팀장(1999~2001)
전 동아원그룹 자회사 마케팅, 신규사업부장(2002~2012)
전 우송대학교 초빙교수
현 (사)한국정보기술학회 평이사
현 한국교통대학교 창업선도대학 전문위원
2016(33rd edition) The Marquis' Who's Who in the World 등재

저 서
창업신제품개발(2016) 서울: 마인드탭

창업아이템 개발

초판인쇄 2016년 2월 22일
초판발행 2016년 2월 28일

지은이 남윤정
펴낸이 김중용

총괄기획 박노일
편 집 심성보·김인숙

펴낸곳 마인드탭 MIND TAP
경기도 파주시 책향기로 441, 1004동 1004호(동패동, 책향기마을)
등록 제406-2014-000093호
전 화 070)7550-3758 팩 스 02)718-8554
홈페이지 www.mindtap.co.kr 이메일 pnc@pncmedia.co.kr
ISBN 979-11-86672-20-4 93320

※ 마인드탭은 피앤씨미디어의 자매 브랜드입니다.

정 가 15,000원